con razón

VALORES

SOCIALES Y CÍVICOS

4

PRIMARIA

Fernando Martínez Llorca
Benjamín Romo Escudero
Elisa Lucena Llorca

ANAYA

Índice

Trimestre 1
¡Cómo molo!

Unidad 1 — 4
Soy valioso
- Soy una persona importante
- Pues yo destaco en…
- La autoestima

Repaso de la unidad: ¡Claro que valgo!

Unidad 2 — 10
Río y lloro
- La preocupación
- Reír y llorar
- Los celos

Repaso de la unidad: Mis sentimientos

Trimestre 2
¡Cómo molan los demás!

Unidad 8 — 50
¿Solo palabras?
- ¡Cuántas palabras!
- El ritmo y la entonación
- Preguntas adecuadas

Repaso de la unidad: Cuidando mis palabras

Unidad 9 — 56
Escúchame
- El diálogo y la conversación
- El debate
- Habilidades de escucha

Repaso de la unidad: Hablando nos entendemos

Trimestre 3
Y así es mi mundo

Unidad 15 — 98
Respeto las normas
- ¿Qué es la convivencia?
- ¿Son necesarias las normas?
- Los valores cívicos

Repaso de la unidad: Juntos, pero no revueltos

Unidad 16 — 104
Colaboro con los demás
- ¿Prefieres estar solo o tener amigos?
- Los amigos
- La cooperación

Repaso de la unidad: Me siento bien cuando ayudo

Unidad 3 — 16
Soy capaz
- «Yo quiero ser como…»
- Piensa en ti
- La timidez

Repaso de la unidad: Puedo hacerlo

Unidad 4 — 22
Tranquilo, hombre
- Las rabietas
- Enfadado, pero tranquilo
- «¡Echa el freno!»

Repaso de la unidad: Es mejor respirar profundamente

Unidad 5 — 28
Soy responsable
- ¡Cuántas responsabilidades!
- «No es culpa mía»
- ¿Qué puedo y debo hacer con mi edad?

Repaso de la unidad: Yo me ocupo

Unidad 6 — 34
Intento mejorar
- Las metas personales
- Todos llevamos un genio dentro
- ¿Cómo puedo potenciar mi creatividad?

Repaso de la unidad: Me supero

Unidad 7 — 40
La vida cotidiana
- Los problemas
- Como los avestruces
- Mi vida cotidiana

Repaso de la unidad: No me escondo

Repaso trimestral • Tarea trimestral

Unidad 10 — 62
Entiendo lo que te pasa
- Me pongo en su lugar
- ¡Sé empático!
- Conocer al otro

Repaso de la unidad: Te comprendo

Unidad 11 — 68
Respeto a los demás
- Tipos de exclusión
- Los prejuicios
- ¿Todos iguales? No, gracias

Repaso de la unidad: Por encima de todo, el respeto

Unidad 12 — 74
Nuestros derechos
- Los niños también tenemos derechos
- ¡Tenemos derecho a ir al colegio!
- Derechos del hombre y derechos del niño

Repaso de la unidad: Sí, tenemos derechos

Unidad 13 — 80
Hacemos lo mismo
- ¡Cuánto trabajo!
- Cooperamos en las tareas del hogar
- Hombres y mujeres somos iguales

Repaso de la unidad: Repartimos las tareas del hogar con igualdad

Unidad 14 — 86
Ayudo a los demás
- ¿Eres generoso?
- La solidaridad
- La gratitud

Repaso de la unidad: Así me siento bien

Repaso trimestral • Tarea trimestral

Unidad 17 — 110
Nos ponemos de acuerdo
- Acoso escolar o *bullying*
- El agresor y la víctima del acoso
- Medidas para combatir el acoso

Repaso de la unidad: Pon freno al acoso

Unidad 18 — 116
Un país democrático
- Democracia
- Vivir democráticamente
- La Constitución española

Repaso de la unidad: Así vivimos

Unidad 19 — 122
Valoro y mejoro
- La honradez
- Consecuencias de la falta de honradez
- Las buenas intenciones

Repaso de la unidad: Actúo honradamente

Unidad 20 — 128
No malgasto energía
- Protegemos el planeta
- Ahorramos energía en casa
- Ahorramos energía en el colegio

Repaso de la unidad: Cuidemos de nuestro futuro

Unidad 21 — 134
Evitamos accidentes
- Sabemos cruzar la calle, pero…
- Un problema cercano
- Consecuencias de los accidentes de tráfico

Repaso de la unidad: Mucho cuidado

Repaso trimestral • Tarea trimestral

1 Soy valioso

El perro que deseaba ser humano

En la casa de un rico mercader de la Ciudad de México, rodeado de comodidades y de toda clase de máquinas, vivía no hace mucho tiempo un Perro al que se le había metido en la cabeza convertirse en un ser humano, y trabajaba con ahínco en esto.

Al cabo de varios años, y después de persistentes esfuerzos sobre sí mismo, caminaba con facilidad en dos patas y a veces sentía que estaba ya a punto de ser un hombre, excepto por el hecho de que no mordía, movía la cola cuando encontraba a algún conocido, daba tres vueltas antes de acostarse, salivaba cuando oía las campanas de la iglesia y por las noches se subía a una barda a gemir viendo largamente la luna.

Augusto Monterroso, *La oveja negra y demás fábulas*, Editorial Alfaguara.

Trabajo con el texto

- ¿Qué consiguió el perro tras sus esfuerzos por convertirse en hombre?
- Dibuja en tu cuaderno el perro caminando.
- Imagina que pudieras ser un animal. ¿Cuál te gustaría ser?

La mosca que soñaba que era un águila

Había una vez una Mosca que todas las noches soñaba que era un Águila y que se encontraba volando por los Alpes y por los Andes.

En los primeros momentos, esto la volvía loca de felicidad; pero pasado un tiempo, le causaba una sensación de angustia, pues hallaba las alas demasiado grandes, el cuerpo demasiado pesado, el pico demasiado duro y las garras demasiado fuertes; bueno, que todo ese gran aparato le impedía posarse a gusto sobre los ricos pasteles o sobre las inmundicias humanas, así como sufrir a conciencia dándose topes contra los vidrios de su cuarto.

En realidad no quería andar en las grandes alturas o en los espacios libres, ni mucho menos.

Pero cuando volvía en sí lamentaba con toda el alma no ser un Águila para remontar montañas, y se sentía tristísima de ser una Mosca, y por eso volaba tanto, y estaba tan inquieta, y daba tantas vueltas, hasta que lentamente, por la noche, volvía a poner las sienes en la almohada.

Augusto Monterroso, *La oveja negra y demás fábulas*,
Editorial Alfaguara.

Trabajo con el texto

- Explica en qué se parecen esta mosca y el perro del cuento anterior.
- ¿Crees que la mosca podía ser feliz? ¿Por qué?
- Escribe algo que te gustaría ser. ¿Ese deseo te ayuda a sentirte mejor o no?

Soy una persona importante

Como te vas haciendo mayor, ya te habrás dado cuenta de que todos somos diferentes y no sentimos igual.

Tú eres un niño o una niña que tienes muchos rasgos positivos: eres muy alegre, muy responsable, muy amable... Aunque también tienes otras características menos positivas: eres miedoso, un poco egoísta, perezoso... Son muchas las distintas maneras de ser o de sentir de las personas.

Debemos aprovechar nuestras mejores cualidades y que nos hacen más felices. Por ejemplo, si eres especialmente hábil para tocar un instrumento musical o si tienes una gran capacidad de esfuerzo.

Si, por el contrario, hay en ti unas cualidades que te hacen sentir tristeza, enfado o rabia, es importante que intentes superarte y mejorar, o bien aprender a «sacarles partido». Por ejemplo, si te enfadas cuando alguien te lleva la contraria, tienes que tranquilizarte y pensar que la otra persona puede tener razón, y entre los dos buscar un acuerdo. Si lo que sucede es que eres muy nervioso, puede que, en algunas ocasiones, eso te ayude a hacer las cosas más rápido.

Es decir, todos tenemos cualidades que nos hacen sentir bien y cualidades que nos hacen sentir peor, pero eso forma nuestra personalidad, diferente de la del resto de la gente. Esas cualidades nos convierten en personas especiales e importantes.

ACTIVIDADES

1 De la siguiente lista, anota en tu cuaderno en una columna cinco cualidades que te caracterizan y en otra aquellas que te gustaría que tener.

Simpatía, amabilidad, miedo, sinceridad, lentitud, timidez, alegría, inquietud, rapidez, agilidad, sinceridad, respeto, tolerancia, gracia, belleza, inteligencia.

2 Señala algún rasgo de tu personalidad que te gustaría mejorar. ¿Qué tienes que hacer para conseguirlo?

3 Escribe alguna cualidad que te diferencie del resto de tus amigos y amigas.

Pues yo destaco en...

Puede que aún no lo sepas, pero tú también destacas en algo. Todas las personas lo hacemos. Unas veces es en aspectos muy llamativos, como, por ejemplo, algún rasgo físico (los ojos, la estatura...), una habilidad para el deporte o una mayor capacidad para aprobar una asignatura difícil.

Pero, en otras ocasiones, las cualidades especiales no se ven a simple vista y hay que descubrirlas.

Hay personas que tardan mucho en encontrarlas, en descubrir qué actividad se les da mejor que a la mayoría. No se dan cuenta de lo mucho que valen e importan a los demás, y viven con una sensación negativa que se llama «baja autoestima». Esas personas piensan que no son tan buenas como los demás, pero no es cierto.

Esta idea negativa de uno mismo se puede combatir con el amor de tu familia y de tus amistades, quienes ven en ti lo mucho que vales. Además, es muy importante que pienses en todo aquello que haces bien en tu vida diaria (estudiar, jugar, ayudar, pensar, disfrutar, colaborar...). Debes confiar en ti mismo y saber que mereces ser feliz.

ACTIVIDADES

1 Dibuja en tu cuaderno una tabla y puntúa del 1 al 5 las siguientes características según te parezca que te describen mejor (5) o peor (1):

Soy valiente, soy inteligente, soy fuerte, hago bien mi trabajo en el colegio, dibujo bien, soy bueno para la música, me porto bien en casa, tengo los ojos grandes, tengo suerte, tengo el pelo bonito, tengo muchos amigos, soy alegre, soy bueno en juegos y deportes, se puede confiar en mí, soy una buena persona.

2 ¿Y tú en qué destacas? Piensa en algo que se te dé muy bien y anótalo.

3 ¿Cómo crees que es posible mejorar la «baja autoestima» que tienen algunas personas? ¿Quiénes pueden ayudarlas?

La autoestima

La autoestima es la imagen que tenemos de nosotros mismos, no solo de nuestro cuerpo, sino también de nuestra personalidad.

Unas personas tienen la autoestima adecuada (o buena) y se dan cuenta de que valen lo mismo que los demás. Otras, sin embargo, se creen inferiores al resto. Estas tienen un problema, porque la idea que tienen de sí mismas las lleva a estar tristes o sentir envidia, celos o, incluso, miedo.

Para que alguien tenga una buena autoestima, es necesario que ocurran varias cosas. Una de ellas es que las personas que más te importan (tus padres y tu familia) te valoren y te ayuden a ver las cosas buenas que hay en ti.

En ocasiones, a pesar de que los padres y los profesores nos aprecian, no captamos ese mensaje debido a distintas circunstancias del entorno o a situaciones problemáticas.

Cuando somos un poco mayores, como ahora, también influye en nuestra autoestima lo que nuestros amigos piensen de nosotros. Por eso es tan importante no hacer sentir mal a los compañeros y a los amigos con comentarios ofensivos (como insultos, desprecios o burlas).

ACTIVIDADES

1. ¿Qué es la autoestima? ¿Tú la tienes, alta o baja?
2. ¿Qué les pasa a las personas con poca o baja autoestima?
3. Piensa en qué te gustaría que te dijeran tus amigos y amigas para hacerte sentir bien.
4. Anota en tu cuaderno qué te gusta de ti, pero nadie te lo dice.

Repaso de la unidad

¡Claro que valgo!

Cada uno de nosotros es diferente de los demás. Todos tenemos cualidades positivas y negativas, por lo que debemos sentirnos satisfechos de las primeras y corregir las segundas, pero no sentirnos mal o avergonzados. A veces, incluso lo que nos parece un defecto es algo que nos convierte en especiales para los demás.

Como cada cual es diferente, todos somos especiales y tenemos alguna característica que nos puede permitir destacar en un momento dado. Averiguar qué es lo que hacemos mejor, nos ayudará a elevar nuestra autoestima.

La autoestima es la capacidad de valorarnos a nosotros mismos. Hay personas que no se dan cuenta de cuáles son sus mejores cualidades y que tienden a sentirse poco valiosos, pero todos somos importantes.

Es bueno que nos tratemos bien unos a otros para que cada cual sea capaz de aumentar la confianza en sí mismo, ser feliz y aportar a los demás todo lo que pueda.

1 Piensa en tu mejor cualidad, inventa un nombre de superhéroe para ti («Sonrisawoman» o «Solidariman», por ejemplo) y haz una breve descripción de tus «superpoderes».

2 Elige alguna de las siguientes profesiones y explica por qué crees que serías bueno desarrollando ese trabajo: albañil, médico, bombero, científico, maestro, abogado, actor, empresario.

3 Elige la expresión de ánimo que te gustaría que te dijeran cuando has actuado bien o has conseguido algún éxito. Explica por qué.

a) «Enhorabuena, me siento muy orgulloso de ti».

b) «Muy bien, cada día te vas superando».

c) «Bien, no has hecho ni más ni menos que lo que debías».

d) «Fenomenal, eres muy valioso».

2 Río y lloro

Un espejo en el corazón

La madre de Pablo explica a la pediatra que su hijo vomita mucho. La doctora mira atentamente al niño y asegura que está más sano que una manzana.

—¿Y por qué vomita? —pregunta su madre preocupada.

La doctora no lo sabe. Dice que si los vómitos continúan, deberán llevar a Pablo al hospital.

Por la noche, en su cama, Pablo piensa que no quiere ir. No le gustan nada los hospitales.

—Si tienes que ir, será porque tú quieres —dice el hada Menta en la oscuridad de la habitación.

—¿Ah, sí? —dice Pablo—. A lo mejor crees que vomito a propósito.

—No. No creo que lo hagas porque quieres, sino porque es la única manera que tienes de hacer que salga lo que te duele.

—¡Pues claro! La sopa, las espinacas, la merluza —dice Pablo.

El hada Menta suelta una carcajada.

—Ni sopa, ni espinacas, ni merluza. No tiene nada que ver con lo que comes, sino con lo que sientes.

—¿Pero qué dices? —pregunta Pablo, incorporándose en la cama para ver mejor al hada. [...]

El hada saca un espejo y le enseña todo lo que ocurre antes de que vomite: un niño le fastidia en el cole y nadie se entera; se le rompe su coche favorito y se enfada... Entonces Pablo se da cuenta de que antes de vomitar siempre está enfadado por alguna razón.

—Ya lo entiendo —dice Pablo—, cuando me enfado, vomito.

—No —dice Menta—, vomitas porque no sabes qué te pasa.

—¿Quieres decir que si sé que estoy enfadado ya no vomitaré?

—Eso mismo.

Pablo sabía interpretar cuándo su mamá o su papá estaban enfadados, así que decidió intentar adivinar cuándo estaba enfadado él y así poder solucionarlo sin vomitar.

Gemma Lienas y Àfrica Fanlo, *Un espejo en el corazón*, Editorial La Galera. (Adaptación).

Trabajo con el texto

- ¿Por qué vomita Pablo?
- ¿Cuándo dejará Pablo de vomitar?
- ¿Te ha pasado alguna vez lo mismo que a él?

La preocupación

Cuando somos niños, escuchamos a nuestros padres que están disgustados con sus problemas en el trabajo, por su falta de tiempo, por nuestra educación o por nuestras necesidades. Ellos siempre saben cuándo están preocupados.

Sin embargo, a los niños muchas veces nos alteran cosas sin darnos cuenta; por ejemplo, podemos tener miedo a la oscuridad y ni siquiera lo sabemos. Pero, en cambio, nos duele la tripa, la cabeza, estamos tristes…

A veces, cuando tenemos un dolor, es porque estamos enfermos, pero otras puede ser porque estamos preocupados. Por eso es tan importante que sepamos distinguir lo que sentimos en cada momento: si estamos nerviosos por un examen, si estamos disgustados o decepcionados, si sentimos celos o envidia…

Para conocer nuestros sentimientos, debemos hablar con las personas que nos quieren, expresar nuestras dudas, nuestros deseos, nuestras penas o nuestras alegrías. Así, en vez de sufrir dolores que no sabemos de dónde vienen, podremos liberarnos de esos sentimiento negativos.

ACTIVIDADES

1 ¿Qué podemos hacer para que una pena o una preocupación no nos provoque un dolor corporal?

2 ¿Te asustan los exámenes? ¿Te ha dolido alguna vez el estómago antes de uno? ¿Cómo podrías evitarlo?

3 De las siguientes «medicinas» elige las que creas que ayudan a curar la preocupación dolorosa:

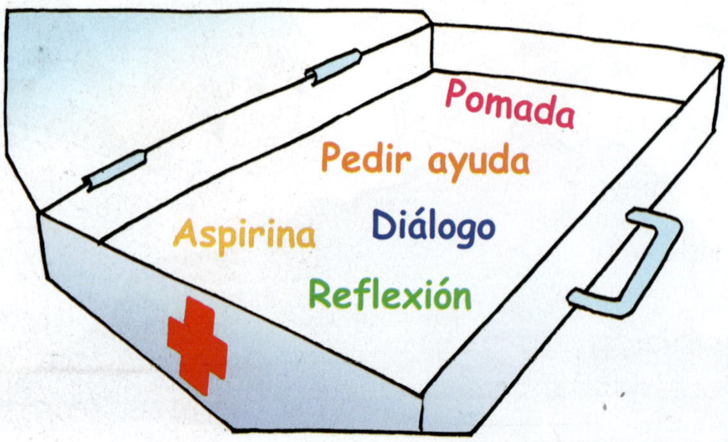

Reír y llorar

La tristeza es una emoción esencial en el ser humano, igual que lo es la alegría. No solo es importante, sino que es necesaria.

Cuando nos ocurre algo negativo (como la pérdida de una mascota o si tenemos que irnos a vivir a otro lugar), no debemos reprimir esa tristeza que provoca, porque si lo hacemos, tardará mucho más tiempo en curarse esa pena. Si nos apetece llorar, lo haremos libremente, eso nos aliviará.

Puede que a veces confundamos la tristeza con el desánimo, que es una sensación de falta de ganas para hacer las cosas, incluso para jugar. Cuando esto ocurre, podemos pensar en cosas alegres y divertidas, como las canciones que nos gustan y nos ayudan a levantar el ánimo.

En el polo opuesto tenemos la alegría. Esta emoción es fácil reconocerla: los ojos se abren más, las comisuras de los labios se alargan y da una sensación muy placentera que nos ayuda a hacer muchas cosas, como pueden ser aprender mejor, conocer a otras personas o disfrutar de cada momento.

Cuando estamos contentos o alegres, solemos ser más creativos, más positivos, más amables…

ACTIVIDADES

1 Relaciona en tu cuaderno los estados de ánimo de la primera columna con las sensaciones que pueden producir de la segunda.

1) Miedo.	a) Tener un nudo en el estómago.
2) Felicidad.	b) Estar nervioso.
3) Enfado.	c) No querer ver a nadie.
4) Vergüenza.	d) Estar tenso y agresivo.
5) Preocupación.	e) Tener ganas de reír.

2 Por grupos, pensad en cómo podrían superarse los siguientes sentimientos negativos: el miedo, la culpa, el enfado.

Los celos

Sentimos celos de alguien cuando tenemos miedo a perder el amor de un ser querido, como el de nuestros padres.

Los celos pueden surgir por diversas razones. Por ejemplo, podemos tener celos de nuestros hermanos, porque pensamos que son mejores que nosotros o porque creemos que nuestros padres los quieren más a ellos.

Esto pasa sobre todo con los hermanos pequeños, que, como necesitan más atención que nosotros, puede parecernos que los quieren más. Podemos, incluso, sentir envidia.

También puede suceder cuando cambia la situación familiar y aparecen nuevas personas queridas por los padres. Es posible, por ejemplo, que si soy hijo único y tengo un primo nuevo, eso me dé celos, pues puedo suponer que el cariño que mis padres tengan también a ese otro niño haga disminuir el que me tienen a mí.

Los celos nos hacen sufrir mucho. Para intentar evitarlos, debemos:

1) Confiar en los que nos quieren.
2) Comprender que el amor se multiplica, nunca se divide.
3) Entender que somos especiales y que nos quieren tanto como nosotros a ellos.
4) Saber que el lugar que ocupamos en el corazón de nuestra familia no puede ser ocupado por nadie más. Hay sitio para todos.

ACTIVIDADES

1 ¿Los celos son un sentimiento positivo o negativo? ¿Por qué?

2 ¿Crees que es posible querer a tus hermanos y, al mismo tiempo, sentir celos de ellos? Razona tu respuesta.

3 A veces los niños o las niñas que tienen hermanos o hermanas desearían no tenerlos y aquellos que no los tienen desearían tenerlos. Explica las ventajas de tener y de no tener hermanos o hermanas.

Repaso de la unidad

Mis sentimientos

La preocupación es un sentimiento natural que tenemos todos, tanto los adultos como los niños. No es agradable sentirse así, pero de vez en cuando nos ocurre y tenemos que aprender a controlar esta emoción. Una de las mejores maneras de afrontar una preocupación es hablar de ello con las personas que nos quieren.

Otras emociones negativas que tenemos que dominar son la tristeza y el desánimo. No podemos evitarlas siempre, y conviene que las afrontemos de manera positiva: llorar puede ayudar a desahogarnos, y también podemos intentar distraernos con pensamientos alegres.

Algo parecido sucede con los celos. Son negativos porque nos llenan de dudas y de temores. Pero no debemos preocuparnos porque la gente que nos quiere también ame a los demás: el amor se puede compartir.

1 ¿Qué situaciones en casa o en el colegio te producen más preocupaciones? ¿Qué haces cuando estás preocupado?

2 ¿Qué animal elegirías para que te acompañase en los momentos en los que tienes cada una de las siguientes emociones o sentimientos: miedo, ira, alegría, preocupación?

3 Piensa en otros niños más pequeños que conozcas y explica si has observado alguna vez en ellos un episodio de celos. ¿Cómo les podrías haber ayudado?

4 Piensa y anota en tu cuaderno una situación que te produzca cada uno de estos sentimientos: orgullo, tristeza, amor, envidia.

3 Soy capaz

La niña lenta

Me llamo María Dolores y soy una niña lenta. Me muevo despacio porque nací sin velocidad. Otros nacen sin dientes o sin pelo. Yo tenía pelo, pero me faltaba la prisa.

Eso me cuenta mi madre, de vez en cuando. Y luego me da besos que parecen fuegos artificiales: muchos y rápidos. Aquí, en el pueblo, todas las madres, las abuelas y las tías lanzan los besos de esa manera a los niños. También las vecinas de las madres, de las abuelas o de las tías. Y nadie se libra de ellos.

Después de los besos, en la cara se nos queda una especie de agujero que tarda en desaparecer. Pero mis compañeros son rápidos y, cuando vienen sus abuelas o las vecinas de sus abuelas, salen corriendo y no dejan que ese alboroto de cariño les haga agujeros en la cara.

Yo, como soy lenta, me convierto en una diana y me llegan miles de besos. Muac, muac, muac, muac. ¡Muac! Porque a mí todo el mundo me quiere. Eso me dicen.

También me dicen que siempre estoy en las nubes. Me gusta mirarlas porque algunas tardes son de color rosa. A veces son grises y juegan con las tormentas. Las miro porque casi no se mueven. ¿Y alguien se enfada con ellas? No. Pues no entiendo por qué conmigo sí. A veces, me gustaría ser una nube. Nadie me gritaría.

—María Dolores, acaba el desayuno, que llegas tarde al cole —me dice, cada mañana, mi madre. Mientras, recoge mis libros, los lápices, mete el bocadillo en la mochila...

—María Dolores, te estamos esperando —me dice la señorita Asun con una tiza en la mano. La otra mano la deja en la cintura, parece una jarra.

—María Dolores, ¿has acabado? —Y alguien me quita la ficha de matemáticas, que se va volando hasta donde están todas las fichas ya acabadas. La mía, mi ficha, tiene pocos números, pocas rayas, pocas cruces. En verdad, tiene muy poco de todo.

Y alguien me pone en la mesa un folio para que dibuje. Entonces, dibujo un tomate de mi huerta. Una manzana del patio de mis abuelos. Dibujo una naranja de la plaza del ayuntamiento.

Carmela Trujillo, *En las nubes*, Editorial Anaya. (Adaptación).

Trabajo con el texto

- ¿Qué problema tiene María Dolores?
- ¿Crees que está preocupada por su problema o le gusta ser como es?

«Yo quiero ser como...»

Seguramente en alguna ocasión has pensado que te gustaría ser como otra persona, parecerte a un deportista famoso o a una actriz. Algunas personas piensan en ello muy a menudo, porque no se gustan a sí mismas.

Este rechazo de sí mismas es un problema, porque están equivocadas. Nadie puede ser como otro por dos razones:

1) Es imposible intercambiar los cuerpos y las personalidades.

2) Todos somos especiales, únicos y exclusivos.

Si pretendemos ser como otros, dejaremos de cultivar nuestras virtudes, dejaremos de intentar mejorar y destacar en aquello que a nosotros se nos da bien o muy bien.

Cada persona nace con unas características concretas que no elige. Yo no he podido decidir si quería ser alto o bajo, moreno o rubio, o si tener mucha capacidad física para el deporte. Me ha tocado ser como soy. A mí y a todos. Por eso, nadie tiene mérito por ser como es.

Lo que sí tiene mérito es aquello que depende de nosotros, lo que podemos lograr con nuestro esfuerzo, con nuestra responsabilidad, con nuestra solidaridad, etc., lo que podemos mejorar día a día.

Aceptar lo que somos y cómo somos nos hace más felices, a nosotros y a las personas que nos rodean.

ACTIVIDADES

1 Imagina lo que podría pensar de sí mismo un bebé recién nacido, tan débil e indefenso.

2 Explica cómo te sentiste al aprender a hacer algo difícil, como, por ejemplo, montar en bicicleta:

a) ¿Estabas orgulloso?

b) ¿Te hizo ilusión?

c) ¿Qué te dijeron tus padres?

d) ¿Tuviste miedo?

3 Explica cuáles de tus rasgos físicos y de tus cualidades no cambiarías nunca.

Piensa en ti

La persona que más te tiene querer a lo largo de tu vida eres tú. Eso no quiere decir que tengas que ser un egoísta, sino que tienes que llevarte bien contigo mismo y comprender que eres una persona que sabe hacer muchas cosas y que eres un ser humano digno de ser querido y respetado.

En tu vida, algunas personas (como, por ejemplo, tu familia y tus profesores) te ayudarán a descubrir lo que eres capaz de hacer, pero tú eres quien más tiene que esforzarse en mejorar, pues eres quien mejor te conoces.

Existen personas discapacitadas física o mentalmente, pero eso no les impide ser felices, solo necesitan una manera diferente de adaptarse a la realidad. Son personas muy valiosas que pueden llevar una vida autónoma y feliz.

ACTIVIDADES

1 ¿Sabes qué vas a estudiar cuando seas mayor? ¿De qué quieres trabajar?

2 Piensa en alguna discapacidad y anota las dificultades que tiene que superar una persona que la padece para lograr llevar una vida independiente.

3 Imagínate a Marta, una niña ciega que empieza el curso en un nuevo colegio:

a) ¿Cómo es posible que Marta, que no se ve en el espejo, tenga una imagen de sí misma?

b) Puesto que no ve a sus compañeros, ¿en qué se tendrá que fijar Marta para elegir a sus amigos y amigas?

c) ¿Crees que todos deberíamos tener el mismo criterio que Marta para elegir a nuestros amigos y amigas?

La timidez

La timidez es una emoción que nos hace sentir inseguros o molestos delante de los demás. Unos niños son más tímidos que otros.

A los niños tímidos les suele dar miedo hablar ante los compañeros y las compañeras de clase o con personas mayores, conocer gente nueva, comprar en una tienda…

Puede pasar que nos dé vergüenza preguntar o que temamos equivocarnos cuando nos pregunta el profesor por si los demás se burlan de nosotros si no sabemos la respuesta. Para evitarlo, tenemos que pensar que nadie lo sabe todo y que no existe ninguna persona que no se equivoque nunca en su vida.

Hay muchas formas de intentar evitar la timidez: unos se hacen los graciosos; otros se esconden; otros no hablan con nadie…

Ahora bien, quizá la mejor forma de superar la timidez es no hacer tanto caso a lo que los demás piensan de mí y, sobre todo, estar seguros de que no existen las personas perfectas. Yo no lo soy, pero los demás tampoco.

ACTIVIDADES

1 ¿Eres un niño tímido? ¿Qué situaciones te producen timidez?

2 Señala en tu cuaderno cuáles de los siguientes comportamientos son reacciones características de niños tímidos:

a) Sara canta y baila delante de sus compañeros al final de curso.

b) Lucas se puso rojo cuando Mar le dijo que era muy simpático.

c) Eva sabía la respuesta a la pregunta de la profesora, pero no la dijo.

d) Iván propuso a los niños del parque jugar un partido entre todos.

3 ¿Cómo se puede superar la timidez?

Repaso de la unidad

Puedo hacerlo

Es normal que nos guste parecernos a otras personas, pero lo que debemos hacer es esforzarnos para perfeccionar nuestras propias cualidades. Ese esfuerzo nos permite mejorar y que los demás nos aprecien más.

Aunque podamos admirar a otros, es fundamental que sepamos querernos a nosotros mismos. Debemos aceptar nuestros propios errores y procurar no volver a cometerlos, pues todo el mundo se equivoca.

Muy a menudo, la timidez limita nuestras posibilidades de mejorar. A muchas personas les da vergüenza mostrarse tal y como son porque temen que alguien se burle de ellas.

1 Explica qué significa «Aceptar lo que somos y cómo somos nos hace más felices, a nosotros y a las personas que nos rodean».

2 ¿Quién crees que es la persona que más te conoce? ¿Qué conoce de ti? ¿Cómo te hace sentir que sepa tanto de ti?

3 Analiza estas cualidades: ser trabajador, ser responsable, ser amable, ser simpático, ser cariñoso, ser divertido. ¿Cuáles te gustaría mejorar? ¿Por qué? ¿Cómo puedes hacerlo?

4 ¿Cómo se comporta una persona tímida?

4 Tranquilo, hombre

La rabieta

Lucas es un niño que estudia cuarto curso de Primaria en la escuela de su pueblo. Le encanta estar en la calle jugando, corriendo y saltando. Y por eso le cuesta mucho trabajo hacer los deberes, pues siempre está pensando en irse a jugar con sus amigos… Y en el día en que por fin les den las vacaciones.

Un día, su madre, como veía que su hijo no hacía los deberes, le dijo:

—Lucas, si no haces los deberes, no podrás salir a jugar al balón con tus amigos.

—¡Jo, mamá! No quiero hacerlos. Me aburro —respondió de forma impertinente y muy enfadado.

Entonces, su madre abrió el baúl de los juguetes favoritos de Lucas, cogió el balón de fútbol y se lo llevó.

Lucas, un poco sorprendido, se quedó muy triste, porque vio que su madre iba en serio, pero, como estaba enfadado, pensó que no iba a hacer los deberes.

Como no podía salir a la calle, se puso a jugar con todos los juguetes que tenía en la habitación. Y también sacó todos los libros que tenía en la estantería, aunque, como estaba enfadado, no leía ninguno y los dejaba todos tirados por el suelo. Al final, ¡tenía la habitación hecha un desastre!

Al cabo de un rato, la madre fue de nuevo a la habitación de Lucas para ver qué estaba haciendo. Abrió la puerta y, al observar todo aquel desorden, en vez de enfadarse también dijo con voz suave y tranquila a su hijo:

—No te preocupes, Lucas, yo te ayudaré a recoger y a ordenar la habitación, pero tienes que hacer los deberes.

Y Lucas, ya más tranquilo, se alegró mucho, colocó todas las cosas en su sitio él solo y acabó en un segundo todos los deberes.

Cuando hubo terminado, fue a ver a su madre, le dio un beso y le pidió permiso para salir a la calle. ¡Ya está con sus amigos jugando al fútbol!

Elisa Lucena Llorca.

Trabajo con el texto

- ¿Por qué se enfadó Lucas?
- ¿Cómo reaccionó ante el castigo de su madre?
- ¿Qué hizo su madre para tranquilizarlo?

Las rabietas

En muchas ocasiones, tenemos envidia de los demás y por eso nos sentimos frustrados. Pensamos que ellos son o tienen cosas mejores que nosotros.

En realidad, es natural que sintamos envidia de vez en cuando, pero hemos de tratar de que sea una envidia «sana», que nos anime a imitar a los que hacen algunas cosas mejor que nosotros para mejorar.

Por ejemplo, si nos provocan resquemor las notas que consigue un compañero, eso nos puede ayudar a intentar sacarlas nosotros también, esforzándonos más.

De esta manera, si dominamos esta emoción, nos avisa de que hay algo en lo que podemos mejorar.

Sin embargo, cuando la envidia, los celos o la ira se apoderan de nosotros, mostramos nuestro disgusto de distintas formas: gritos, rabietas, enfados..., y hacemos sufrir a las personas cercanas y sufrimos nosotros mismos.

ACTIVIDADES

1 Asocia las rabietas con el suceso climático que mejor las represente: lluvia, huracán, sol, nubes.

2 Si los terremotos y los huracanes destruyen el paisaje, ¿cómo influyen las rabietas en nuestras emociones? ¿Y qué sienten los que nos rodean?

3 Piensa en las causas que pueden provocar una rabieta en niños de dos, cuatro y nueve años. ¿Cómo se pueden evitar?

Enfadado, pero tranquilo

Si nos dejamos llevar por nuestro mal humor, es muy fácil que estemos siempre quejándonos, que molestemos a los demás, que les gritemos, etc. Pensamos que eso nos hace sentir mejor porque creemos que nos desahogamos, pero nos equivocamos.

Esas conductas solo consiguen que nos sintamos culpables e incapaces de gestionar bien nuestras emociones.

Si cuando nos sentimos mal, les lanzamos a los otros nuestro malestar, ellos harán lo mismo con nosotros, con lo cual entraremos en una «guerra emocional».

Todo esto no significa que tengamos que reprimir nuestros sentimientos; al contrario, hay que dejarlos salir, pero sin herir a los otros. Si tenemos un problema o una emoción negativa que nos provoca dolor, debemos exponerla para que no nos haga daño. ¿Cómo podemos hacerlo?

Si una persona ha hecho algo que no nos gusta, lo mejor es decírselo de forma educada. Si tenemos un problema que no podemos resolver, nos ayudará hablar con los padres, con los profesores o con los amigos. En ningún caso debemos comportarnos de forma violenta o insultar a los demás.

ACTIVIDADES

1 A veces nos enfadamos con unos y lo pagamos con otros. ¿Te ha pasado eso alguna vez? Explícalo.

2 Continúa el siguiente cuento:

Rebeca es una niña muy trabajadora e inteligente; sin embargo, tiene un problema enorme: es muy envidiosa. Tiene envidia absolutamente de todos los que la rodean.

Cuando va al colegio y ve que una amiga tiene una camiseta nueva, ella quiere otra igual; si otra amiga lleva un zumo de fresa para la hora del recreo, a ella solo le apetece ese.

Una fría tarde de otoño, su mejor amiga, Natalia, la invitó a su casa a merendar. Cuando llegaron…

«¡Echa el freno!»

Para dominar nuestras emociones negativas y controlar nuestro enfado, se pueden utilizar varias técnicas de relajación que nos ayuden a «echar el freno». El objetivo de todas ellas es que nos acostumbremos a pensar antes de actuar.

Lo más importante es ser conscientes de que algo dentro de nosotros nos está poniendo muy nerviosos o muy enfadados. Cuando nos demos cuenta de ello, debemos parar un momento e imaginar situaciones que asociemos con la calma, como un paseo en barca, o acordarnos de una persona que nos transmite tranquilidad.

Una vez que hemos conseguido parar un instante, tendremos que reflexionar y elegir cuál será la mejor forma de actuar. Si no sabemos qué hacer, esperaremos en silencio hasta que se nos ocurra, pero siempre descartando opciones desagradables o agresivas (chillar, insultar, pegar, dar malas contestaciones…).

Es muy importante pensar siempre en las consecuencias de lo que vamos a hacer, tanto para nosotros mismos como para los demás.

ACTIVIDADES

1 Piensa en un momento en que hayas estado muy enfadado y asócialo a una de las siguientes comparaciones:

2 Señala qué colores de un semáforo pueden indicar las siguientes órdenes: «parar», «reflexionar» y «solucionar».

3 Anota en tu cuaderno tres reglas que vas a seguir siempre antes de actuar dominado por emociones negativas.

Repaso de la unidad

Es mejor respirar profundamente

Muchos de nuestros sentimientos tienen una carga negativa, aunque pueden manejarse de una manera positiva. Si sabemos hacerlo, nos pueden ayudar a mejorar.

Por el contrario, las rabietas y el mal humor nos perjudican a nosotros mismos y molestan a los demás. Debemos buscar mecanismos que nos ayuden a desahogar nuestra frustración y nuestro mal humor para afrontar lo que nos molesta cuando estemos más calmados.

Existen técnicas de relajación que nos pueden ayudar a serenarnos cuando sintamos que empezamos a enojarnos. Una de ellas es concentrarse en pensamientos serenos y procurar mantenernos en silencio, respirando con suavidad hasta que recuperemos el dominio de nosotros mismos.

1 Recuerda alguna ocasión en la que te enfadaste mucho. Piensa en qué provocó esa situación, qué ocurrió y cómo acabó. Anota en tu cuaderno cómo te sentiste.

2 ¿Dónde reflexionas más antes de actuar, en el colegio o en tu casa? ¿Por qué?

3 ¿Sueles pagar tus enfados con alguien? ¿Con quién? ¿Por qué? ¿Cómo te sientes después? ¿Y los demás?

5 Soy responsable

¡Qué desorden!

Tengo una habitación para mí sola donde amontonar mi desorden sin riesgo a castigos ni reproches. En el suelo se acumulan los libros que he leído durante los últimos tres años o que pienso leer en los próximos cinco. También andan por ahí las carpetas escolares de los tres pasados cursos y los estrambóticos regalos de mi último cumpleaños, entre los que se encuentran tres lámparas de petróleo (por si acaso se agrava la crisis energética).

Sobre la cama, además de mantas y cojines, se apilan faldas, pantalones, blusas y camisetas cuya función ha sido camuflar mi cuerpo durante un mes. Cuando el montón se convierte en monumental, lo llevo todo al cesto de la ropa sucia del cuarto de baño. Mi cómoda se desborda. [...] En los cajones hay un revoltijo de bragas, calcetines, trajes de baño, jerséis... En resumidas cuentas, todo esto me pone nerviosa, y menos mal que os ahorro la descripción de mi armario.

Susie Morgenstern, *¡No hay derecho!*, Editorial La Galera. (Adaptación).

Trabajo con el texto

- ¿Qué dos problemas tiene la protagonista?
- ¿Qué podría hacer la niña para solucionar su malestar?
- ¿Cómo tienes habitualmente tu habitación?

Hipocritina

Carolina solo tiene ocho años, dos menos que yo, pero nadie lo diría. Mamá dice que es muy madura para su edad, pero lo que de verdad ocurre es que es una hipócrita y una cursi. Mi querida primita Hipocritina.

Es tan impecablemente perfecta que me cae fatal. Todo lo hace bien. Todo. Hasta toca el violonchelo tan bien que de verdad apetece escucharlo.

Es capaz de dar diez volteretas seguidas, aguantar cinco minutos haciendo el pino y bailar claqué como en las películas.

Todo esto lo podría soportar —más o menos—. Pero es que, cuando Carolina viene a casa, duerme en *mi* cuarto, en *mi* cama (a mí me ponen un colchón en el suelo), juega con *mi* ordenador y lee *mis* libros ¡sin pedirme permiso!

Pero lo que realmente me saca de quicio es lo de *Bingo*. *Bingo* es mi perro. Lo saqué de la perrera de la Sociedad Protectora de Animales. Es como un cruce de galgo enano y *collie* escocés, la cosa más adorable del mundo entero. Tiene una mirada que te derrite el corazón. Normalmente —*normalmente*— me quiere muchísimo a mí y solo a mí; pero cuando está Carolina, nada es normal. No sé qué le encuentra, pero la sigue a todas partes. Duerme con ella en mi cama, acude cuando ella le llama. Y hasta le lleva las pelotas que ella le tira. Eso no lo hace nunca conmigo.

Michael Morpurgo, *Mi prima Carolina,* Editorial Edelvives. (Adaptación).

Trabajo con el texto

- ¿Qué piensas de la niña y de su prima Carolina? ¿Cuál es más responsable?
- Imagina que tú eres Carolina: ¿cómo contarías esta historia?
- ¿Cómo crees que va a acabar?

¡Cuántas responsabilidades!

Aunque somos niños y vivimos con nuestros padres, que nos ayudan y nos educan, nosotros tenemos muchas más responsabilidades de las que imaginamos.

Tenemos que elegir cómo queremos ser y qué valores queremos adquirir. Por ejemplo, si queremos ser solidarios o no, si queremos ser sinceros, nobles, trabajadores…, o, por el contrario, preferimos ser egoístas, vagos, mentirosos, etc.

En consecuencia, tenemos la responsabilidad de controlar nuestro deseo de poseer objetos innecesarios. Es importante cuidar nuestras cosas y no consumir lo que no necesitamos. Por ejemplo, cuando queremos sustituir algo que ya hemos usado pero que todavía podemos utilizar porque ha aparecido un modelo nuevo.

También tenemos que asumir nuestras obligaciones en el colegio y en casa, como pueden ser hacer los deberes o mantener limpia y ordenada nuestra habitación y ayudar a nuestros padres.

Además, y esto es muy importante, somos responsables de nuestra conducta y de cómo nos relacionamos con los demás: si somos cariñosos, amables, respetuosos… Y también de cómo nos relacionamos con el medioambiente, que tenemos que tratar de conservar.

ACTIVIDADES

1 ¿Qué responsabilidades esenciales tienen los niños? Ordénalas de menor a mayor dificultad para llevarlas a cabo, según tu forma de ser.

2 Dibuja en tu cuaderno una tabla con cuatro columnas y complétala poniendo varios ejemplos de tu vida cotidiana sobre los siguientes tipos de responsabilidades:

a) Responsabilidad de elegir quiénes somos.

b) Responsabilidad con lo que consumimos.

c) Responsabilidad en el cumplimiento de nuestras obligaciones.

d) Responsabilidad en nuestras relaciones con los demás.

«No es culpa mía»

¿Cuántas veces hemos dicho «No es culpa mía»? Seguro que muchas.

Es probable que la mayoría de las veces que la hemos empleado fuera verdad, pero también es cierto que, en ocasiones, la utilizamos para que no nos regañen ni se enfaden con nosotros. A veces se ponen excusas absurdas, como cuando no haces los deberes y le dices al profesor: «Es que mi padre me ha perdido la ficha».

Para evitar esta forma de actuar, hemos de aprender a ser responsables desde pequeños, haciendo nosotros solos lo que ya somos capaces de hacer, como vestirnos, hacer nuestra cama, prepararnos la merienda…

No tenemos que dejarnos llevar por la comodidad de que lo hagan nuestros padres. Conviene que nos esforzemos por hacer todo lo que podemos y debemos hacer, para convertirnos en personas responsables.

En otro sentido, también nos hacemos responsables cuando asumimos que hemos hecho algo mal, aunque haya sido por error, somos sinceros e intentamos no volver a cometer el mismo fallo. Nos sentiremos mucho más libres si no nos engañamos a nosotros mismos echando la culpa a los demás.

ACTIVIDADES

1 ¿Sabes qué significa la expresión «No te engañes a ti mismo»?

2 Ayuda a esta niña a diferenciar las cosas de las que es responsable y de las que no:

a) Ha dejado su habitación desordenada.

b) Lleva gafas para ver mejor.

c) No ha hecho los deberes.

d) Ha sacado un sobresaliente.

e) Es rubia.

3 Averigua el significado de estas expresiones: «Dar gato por liebre», «Tirar la piedra y esconder la mano».

¿Qué puedo y debo hacer con mi edad?

Para que no os digan que sois unos irresponsables, os vamos a recordar algunas de vuestras obligaciones:

1) Levantaros puntualmente, vestiros, recoger la habitación y hacer la cama.
2) Asearos, ducharos sin que tengan que recordároslo y acostaros a la hora que recomienden vuestros padres.
3) Ayudar a preparar el desayuno y la merienda, poner y quitar la mesa, utilizar correctamente los cubiertos, mantener buena posición comiendo y comer todo lo que te recomienden los adultos.
4) Saludar y despedirse con educación.
5) Apuntar los deberes, organizaros para realizarlos y preparar la mochila para el siguiente día de colegio.
6) Entregar en casa las circulares del colegio sin que nadie tenga que buscar en la mochila.
7) Comprar lo que necesites con supervisión familiar.
8) Ahorrar y no derrochar en todo tipo de gastos.
9) Tomar los recados telefónicos sin confusiones.
10) Colaborar en las tareas del hogar.
11) Preparar tu maleta cuando vas de viaje.

ACTIVIDADES

1. ¿Cuáles de las actividades anteriores no realizas? ¿Por qué?
2. ¿Qué responsabilidades has asumido que no estén en esta lista?
3. ¿Por qué crees que es bueno asumir responsabilidades a tu edad?
4. Por grupos, describid cómo sería la vida cotidiana en un mundo sin obligaciones.

Repaso de la unidad

Yo me ocupo

Ser niño no significa que uno no tenga responsabilidades. Para empezar, debemos cuidar de nuestras cosas, procurando que estén en buen estado y ordenadas. Si no lo hacemos nosotros, tendrán que hacerlo nuestros padres.

Si no cumplimos con nuestras obligaciones en casa y en el colegio, perjudicamos a los demás y a nosotros mismos.

Aunque intentemos realizar nuestras tareas lo mejor posible, siempre puede ocurrir que alguna no nos salga bien. En esos casos debemos asumir nuestra responsabilidad y reconocer el problema. Las personas que nos quieren sabrán perdonarnos y ayudarnos. En cambio, a nadie le gusta la gente que miente u oculta su responsabilidad.

1 ¿En qué piensas que puede perjudicar a un niño no cumplir con sus obligaciones?

2 Recuerda una ocasión en la que hayas cometido un error y lo hayas reconocido. Cuéntaselo a tus compañeros y compañeras y explícales cómo te sentiste al hacerlo.

3 Haz una lista de las responsabilidades que cumples y otra con las responsabilidades que todavía no tienes asumidas y que ya deberías empezar a aceptar.

4 Explica lo que significa este refrán: «A lo hecho, pecho».

5 Habla con tus padres y pregúntales cuáles eran sus responsabilidades cuando tenían tu edad, cómo las cumplían y si creen que eran las que les correspondían.

6 Intento mejorar

El oso

Un día, el zar descubrió que uno de los botones de su chaqueta preferida se había caído.

El zar era caprichoso, autoritario y cruel. Así que, furioso por la ausencia del botón, mandó a buscar al sastre y ordenó que a la mañana siguiente fuera decapitado. [...] Al atardecer, cuando el carcelero le llevó la última cena, el sastre meneó la cabeza y musitó: «¡Pobre zar!».

—¿Pobre zar? Pobre de ti —dijo el guardia.

—Mañana el zar perderá mucho más que un sastre, perderá al único domador capaz de enseñar a hablar a su oso, el ser que más quiere en este mundo.

—¿Tú sabes domar osos?

—Un viejo secreto familiar... —dijo el sastre.

Deseoso de ganarse los favores del zar, el pobre guardia corrió a contarle al soberano su descubrimiento. ¡El sastre sabía enseñar a hablar a los osos! El zar estaba encantado. Mandó a buscar inmediatamente al sastre y, cuando lo tuvo frente a sí, le ordenó:

—¡Enséñale a mi oso nuestro lenguaje!

—Me encantaría complaceros majestad —contestó el sastre bajando la cabeza—, pero enseñar a hablar a un oso es una tarea ardua y lleva tiempo... Lamentablemente, tiempo es lo que menos tengo.

—¿Cuánto tiempo llevará el aprendizaje? [...]

—Bien. Si el oso es inteligente... y quiere aprender... yo creo que el aprendizaje duraría... como mínimo... ¡dos años!

El zar pensó un momento y ordenó:

—Bien. Tu pena será suspendida durante dos años mientras educas al oso. ¡Mañana empezarás! —ordenó. [...]

Cuando todos en casa lloraban por la pérdida del padre de familia, el sastre apareció en la casa en el carruaje del zar, sonriente y con regalos para todos.

La esposa del sastre no salía de su asombro. Su marido regresaba vivo, con dinero y contento. [...]

Jorge Bucay, *Cuentos para pensar*, Editorial RBA. (Adaptación).

Trabajo con el texto

- ¿Qué te parece la idea del sastre para salir del apuro?
- ¿Qué hizo el zar cuando se enteró de la habilidad del sastre?
- ¿Alguna vez has tenido que pensar una solución ingeniosa?

Las metas personales

Cuando los atletas participan en una carrera, parten de la línea de salida y tienen que llegar a la meta. Para alcanzar la meta en primer lugar, el corredor tiene que tomar una serie de decisiones. Tiene que pensar en cuál va a ser su estrategia, cuándo hacer mayor esfuerzo, en acompasar los movimientos con la respiración, etc.

Lo mismo ocurre en nuestra vida personal. Tenemos que decidir lo que queremos conseguir y luchar por ello. Si yo me he propuesto ser un buen estudiante, debo trabajar, atender en clase y estudiar en casa. Si yo aspiro a ser un buen deportista, debo entrenar todos los días. Si mi sueño es ser biólogo de mayor, además de estudiar mucho, debo observar habitualmente el mundo natural que me rodea.

En realidad, este tipo de metas son grandes proyectos que nos harán más felices a largo plazo. Por eso, para lograrlos, lo interesante es ponerse «minimetas», es decir, dar pequeños pasos que nos ayuden a llegar al objetivo final.

ACTIVIDADES

1 Piensa en tu futuro y responde en tu cuaderno a las siguientes preguntas:

a) ¿Qué te gustaría ser de mayor?

b) ¿Qué deporte te gustaría practicar?

c) ¿En qué lugar te gustaría vivir?

d) ¿Crees que serás feliz? ¿Por qué?

e) ¿Será fácil o difícil cuidar de uno mismo?

2 Ordena los pasos que tendrías que dar para llegar a ser un gran músico:

a) Ensayar de forma constante.

b) Buscar un lugar al que acudir para aprender.

c) Participar en los conciertos adecuados a tu nivel.

d) Elegir el instrumento que te gustaría tocar.

3 ¿Qué pasos crees que habrá dado un investigador científico para llegar adonde ha llegado?

Todos llevamos un genio dentro

La creatividad es la capacidad que tiene el ser humano para inventar ideas nuevas. Todas las personas la poseemos, aunque en unas esté más desarrollada que en otras. Lo que ocurre es que, como los músculos, hay que entrenarla.

Para ello debemos partir del hecho de que todos somos válidos, que todas las ideas pueden ser aprovechadas, y de que nadie está equivocado cuando ejercita su imaginación, que su creación no es fea o absurda.

Es esencial escuchar diferentes ideas, porque todas pueden incluir aportaciones valiosas. Cuando se está creando, no se deben poner límites a la imaginación.

Para desarrollar nuestra creatividad, no podemos pasarnos horas frente a la televisión o la videoconsola. Debemos ser sensibles hacia lo que nos rodea y curiosos, investigar lo que ocurre en nuestro entorno.

Así seremos niños y niñas independientes, capaces de asimilar las situaciones que vivimos habitualmente, concibiendo distintas soluciones a diferentes problemas que se nos planteen en la vida.

ACTIVIDADES

1 Sé creativo y busca el mayor número de usos para estos objetos: una cuchara, un cubo, un flotador.

2 Define estas palabras inventadas: «periflor», «anicebro, «solmuti».

3 ¿Cuál ha sido tu dibujo más creativo?

4 Cuando inventas un juego nuevo, ¿les gusta a tus amigos y amigas?

5 Inventa un bocadillo para merendar hoy.

¿Cómo puedo potenciar mi creatividad?

Nacemos con la capacidad para la creatividad, pero tenemos que desarrollarla. Cada uno sentimos, conocemos y expresamos de una forma particular, y eso hace que seamos únicos en nuestras creaciones.

Cada uno de nosotros ve la realidad desde un punto de vista diferente, y por eso podemos tener ideas distintas incluso sobre una misma cosa.

Algunos niños y niñas tienen miedo a que, al mostrar sus ideas, los demás puedan burlarse de ellos. Esta actitud de los demás es muy negativa para la creatividad; por eso, es tan importante respetar y reconocer como válidas «todas» las ideas constructivas.

Pero también debemos saber que los mayores creadores, han sido trabajadores incansables y se han preguntado sobre el mundo que los rodea. Como dijo el gran inventor Thomas Edison: «El genio es un uno por ciento de inspiración y un noventa y nueve por ciento de *transpiración* [es decir, de sudor, de trabajo]».

Hubo un psicólogo que dijo: «El que encuentra sin buscar es porque antes había buscado sin encontrar».

Cuanta más información tengamos y más conocimientos adquiramos (literatura, cine, ciencia, agricultura, teatro…), más herramientas tendremos para desarrollar nuestra imaginación.

ACTIVIDADES

1 Juega con tus compañeros y compañeras a «¿Qué pasaría si…?». Intenta resolver las siguientes preguntas e inventa otras para que conteste alguien:

a) ¿Qué pasaría si fueses un caballo?

b) ¿Qué pasaría si tu casa fuese de plastilina?

c) ¿Qué pasaría si tuvieses quince hermanos?

d) ¿Qué pasaría si tu familia fuera verde?

2 Ahora intenta aportar una solución a estos problemas:

a) Llegas a casa y han desaparecido todos los muebles.

b) Vas a la playa de vacaciones y, al llegar, ves que el agua del mar se ha congelado.

c) De repente, en clase, el profesor y los alumnos empiezan a hablar todos a la vez.

Repaso de la unidad

Me supero

Para alcanzar algún logro, debemos empezar por proponernos un objetivo y diseñar la estrategia para alcanzarlo.

Nuestra vida es una sucesión de pequeñas etapas, por lo que debemos plantearnos el reto de cada momento como algo importante, avanzando aunque a veces tropecemos.

Una de las cualidades que todos tenemos es la creatividad, mediante la que inventamos ideas nuevas. Pero la creatividad no es solo una cualidad natural de cada cual, sino que también es el resultado del esfuerzo y del aprendizaje. También en este aspecto podemos superarnos.

1 ¿Qué es más importante para llegar a la meta que nos hemos propuesto, correr o planificar?

2 ¿Piensas que todos los niños del mundo tienen las mismas metas?

3 ¿Cuáles de estas metas crees que pueden ser elegidas por todos los niños del mundo?: tener un coche, ser feliz, vestir con elegancia, tener amigos.

4 Sed creativos y plantead juntos un proyecto para mejorar el aspecto de vuestra aula.

5 Utiliza un pequeño cuaderno para apuntar, como en un diario, los logros que vas consiguiendo cada día.

7 La vida cotidiana

El aviador conoce al principito

La primera noche dormí sobre la arena a mil millas de toda la tierra habitada. Estaba más aislado que un náufrago sobre una balsa en medio del océano. Imaginaos, pues, mi sorpresa cuando, al romper el día, me despertó una extraña vocecita que decía:

—Por favor...; ¡dibújame un cordero!

—¡Eh!

—Dibújame un cordero... [...]

Le dije al hombrecito (con un poco de mal humor) que no sabía dibujar. Me contestó:

—No importa. Dibújame un cordero. [...]

Entonces dibujé. El hombrecito miró atentamente. Luego dijo:

—¡No! Este cordero está muy enfermo. Haz otro.

Yo dibujaba. Mi amigo sonrió amablemente, con indulgencia:

—¿Ves?... No es un cordero; es un carnero. Tiene cuernos...

Rehíce, pues, otra vez mi dibujo. Pero lo rechazó como a los anteriores:

—Este es demasiado viejo. Quiero un cordero que viva mucho tiempo.

Entonces, impaciente, como tenía prisa por comenzar a desmontar mi motor, garabateé este dibujo. Y le largué:

—Esta es la caja. El cordero que quieres está adentro.

Quedé verdaderamente sorprendido al ver iluminarse el rostro de mi joven juez:

—¡Es exactamente como lo quería! ¿Crees que necesitará mucha hierba este cordero?

—¿Por qué?

—Porque en mi casa todo es tan pequeño...

—Alcanzará seguramente. Te he regalado un cordero bien pequeño.

Inclinó la cabeza hacia el dibujo:

—No tan pequeño... ¡Mira! Se ha dormido...

Antoine de Saint-Exupéry, *El principito,* Alianza Editorial, Emecé Editores. (Adaptación).

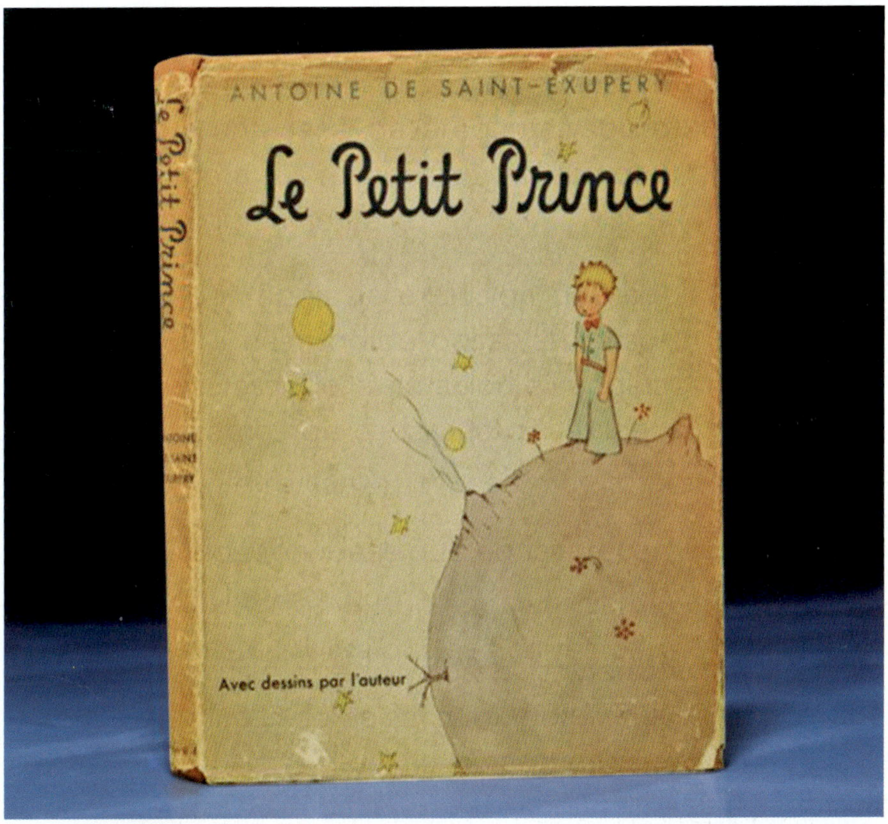

Trabajo con el texto

- ¿Qué problema tenía el principito?
- ¿Cómo se solucionó?
- ¿Se te habría ocurrido a ti una idea parecida? ¿Por qué?

Los problemas

¿Qué es un problema? Algo que hay que resolver buscando una solución. Los problemas no solo se plantean en matemáticas. Aparecen en cualquier momento de la vida.

No existe ninguna persona que no haya tenido nunca ningún problema. Los hay sencillos, fáciles de resolver, y los hay complicados, que son los que más nos preocupan o no sabemos solucionar. En función de la edad que tengamos, en la vida tendremos un tipo de problemas u otros.

No es lo mismo un problema emocional, que un problema de convivencia, que un problema económico. Pero todos se pueden solucionar si seguimos estos pasos:

1) Tener claro el objetivo final al que queremos llegar.

2) Confiar en nosotros mismos.

3) Tomar decisiones.

4) Ser valientes para asumir riesgos.

En el cuento de *El principito* se plantea un problema que, al final, el aviador ha resuelto de forma creativa. Nosotros podemos afrontar muchas situaciones difíciles si abrimos nuestra mente y pensamos en soluciones muy distintas.

ACTIVIDADES

1 ¿Qué problemas puede tener un niño o una niña de tu edad?

2 ¿Tú tienes problemas? ¿Sabes enfrentarte a ellos?

3 ¿Pides ayuda o los resuelves tú solo?

4 Inventa un problema matemático. A continuación, pásalo a un compañero o compañera para que lo resuelva.

Como los avestruces

«No escondas la cabeza bajo tierra como el avestruz», suele decirse a quien no se quiere enfrentar a un problema. En realidad, los avestruces no esconden la cabeza, pero esta expresión indica una actitud ante la vida: la de aquellas personas que no afrontan los problemas, que no buscan soluciones y que se esconden o miran hacia otro lado.

En ocasiones, dejando pasar el tiempo, algunos problemas se solucionan solos o no parecen tan graves, como puede ser una discusión que hemos tenido, pero no es conveniente adoptar siempre esta actitud.

A la hora de afrontar un problema, el primer paso es conocer las causas que lo provocan y si podemos solucionarlo nosotros solos. En caso de poder hacerlo, no pediremos ayuda, puesto que debemos desarrollar nuestra autonomía y nuestra capacidad.

Por ejemplo, si se nos cae algo al suelo, lo recogemos; si se nos pierde un objeto importante, lo tenemos que buscar antes de pedir ayuda.

Por supuesto, si el problema es difícil de solucionar, pediremos ayuda a alguien de confianza (los padres, los profesores o los familiares); ellos nos aconsejarán o colaborarán con nosotros en la búsqueda de la solución.

ACTIVIDADES

1 Debatid en grupo cuáles de estos problemas podríais solucionar solos:

a) Te rompes un brazo.

b) Se te gasta el lápiz.

c) Discutes con un amigo.

d) Te pierdes en la calle.

2 Imagina que te has roto un brazo, ¿cómo resolverías la situación?

3 Piensa en lo que haces cuando no encuentras algo en casa o tienes que buscar la ropa que ponerte. ¿Lo haces solo? ¿Pides ayuda?

Mi vida cotidiana

La mayor parte del tiempo no tenemos que solucionar ningún problema, sino que solo tenemos que realizar nuestras tareas cotidianas; es decir, todo aquello que es nuestra responsabilidad.

Para ello viene muy bien hacerse un horario personal, que nos permite organizarnos como si fuera el horario escolar.

Para elaborarlo, primero tenemos que anotar todas nuestras actividades: levantarnos, desayunar, asearnos, recoger, limpiar, ir al colegio, las actividades extraescolares, estudiar, jugar, descansar… A continuación, hemos de poner las horas del día y distribuir las actividades.

Organizar bien nuestro tiempo nos ayudará a disfrutar más y a aprovecharlo mejor. Aunque no tengamos que seguir el horario de forma demasiado estricta, sí tenemos que cumplirlo para llevar una vida ordenada.

ACTIVIDADES

1 Observa cómo ha planificado Marta su tiempo:

Mis días de colegio	Mis fines de semana
08:00. Levantarme, desayunar y arreglar mi habitación.	09:00. Levantarme y desayunar.
09:00. Ir al colegio.	09:45. Arreglar mi habitación y ayudar en casa.
16:30. Ballet (martes y jueves). Pintura (lunes y miércoles).	11:00. Hacer los deberes.
17:30. Merendar.	12:30. Leer cuentos.
18:00. Hacer los deberes.	14:30. Comer.
19:30. Jugar y descansar.	16:00. Descansar y jugar.
21:00. Cenar.	21:00. Cenar.
21:30. Dormir.	22:00. Dormir.

a) ¿Te parece acertada la organización de su tiempo o cambiarías algo?

b) Elabora tu propio horario, inspirándote en el de Marta.

Repaso de la unidad

No me escondo

La vida no consiste en no tener problemas, sino en afrontarlos y superarlos. Por eso, no debemos temerlos, sino tratar de resolverlos.

Tener claro lo que deseamos y confiar en nosotros mismos nos ayudarán a tener éxito en la búsqueda de una solución acertada a nuestros problemas.

No negar los problemas ni ocultarnos ante ellos nos pone en la senda adecuada para solucionarlos. Esto incluye pedir ayuda cuando la necesitemos, especialmente si se trata de circunstancias difíciles que nos surgen en la vida y que exigen que pensemos, decidamos y actuemos. Todo ello debemos hacerlo de una manera serena y reflexiva, sin precipitarnos.

Una vez que hayamos escogido la que consideramos la mejor solución, hemos de intentar ponerla en práctica confiando en nosotros mismos.

Un horario semanal frecuentemente nos ayuda cuando empezamos a tener tantas ocupaciones y tantas preocupaciones que nos llevan demasiado tiempo.

1 Para resolver los problemas, vamos a fabricar un «Buzón de los problemas». Para ello, haced lo siguiente:

Situad en el aula una caja en la que cada alumno introducirá papeles en los que haya anotado algún problema que afecte a todos y para el que no hallan solución.

Una vez a la semana, se irán sacando estos papeles para leerlos a toda la clase e intentar aportar soluciones entre todos.

Se pueden anotar los problemas con el nombre o de forma anónima.

2 Debatid sobre alguno de esos problemas y buscad la solución entre todos.

3 Un acertijo o una adivinanza también son problemas. Intenta resolver los siguientes y anota la solución en tu cuaderno:

Con su caballo y con su escudero
sale por la Mancha este caballero.
Quiere justicia, busca aventuras
y encuentra palos y desventuras.

Cuatro gatos en un cuarto,
cada gato en un rincón,
cada gato ve tres gatos,
adivina cuántos gatos son.

4 ¿Puedes imaginar un lugar donde no haya problemas? Descríbelo en tu cuaderno.

El cambio

Érase una vez un sapo que siempre estaba diciéndole a su amigo el topo:

—Tienes unos ojos muy bonitos, ¡cómo me gustaría tenerlos iguales!

El topo, por su parte, también le decía siempre al sapo:

—Me gusta mucho tu cola, ¡cómo me gustaría tenerla como tú!

Una vez fueron juntos a una fiesta y estuvieron alabándose uno a otro hasta que, finalmente, el sapo propuso:

—¿Y si nos los cambiamos?

—¿Cómo? —preguntó el topo.

—Tú me das tus ojos y yo te doy mi cola —respondió el sapo.

Dicho y hecho. Así, desde entonces, el topo luce una hermosa cola, pero, como anda siempre escondido bajo tierra, casi no se le ve. Y el sapo tiene unos enormes ojos, pero como se siente tan antipático, solo se atreve a salir de noche.

Constantino Cabal, *Mil años de cuentos*.

ACTIVIDADES

1 ¿Qué pierde el topo a cambio de la cola? ¿Y el sapo a cambio de los ojos?

2 Explica la relación de este cuento con la aceptación de nosotros mismos.

Recordamos lo que hemos aprendido

1 Explica con tus propias palabras los siguientes sentimientos: tristeza, miedo, alegría, vergüenza.

2 ¿Cómo se manifiesta la tristeza? ¿Siempre que estamos tristes lloramos?

3 ¿Qué podemos hacer para levantar el ánimo cuando estamos tristes?

4 Anota en tu cuaderno la opción correcta entre las siguientes afirmaciones:

a) Unos valen más que otros.

b) Cada persona tiene unas capacidades y unas cualidades diferentes.

c) Hay personas que no sirven para nada.

5 Explica cómo se puede reconocer la alegría.

6 ¿Pueden las preocupaciones provocar dolores? ¿Qué podemos hacer para aliviar nuestras preocupaciones?

7 Completa la siguiente oración:

Aceptándonos como somos, estamos más (...) y hacemos más felices a (...).

8 Explica qué es una rabieta. ¿Qué causas la pueden provocar?

9 ¿Qué conseguimos poniéndonos metas personales?

10 ¿Qué tipo de responsabilidades tiene un niño o una niña? Exponlas con tus propias palabras.

Repaso trimestral

¡A jugar!

1 Ayuda a esta «cirujana de corazones» a curar corazones tristes. Descubre cuáles son los medicamentos y las herramientas que necesita. Para lograrlo, ordena las letras descolocadas.

a) Dos inyecciones de *atoaestimu.*

b) Tiritas de *azbaosr.*

c) Gasas impregnadas de *armo.*

d) Jarabe de *ersptoe.*

e) Aspirinas de *qutranlidadi.*

f) Masajes de *leríaga.*

2 Con las letras de la palabra «responsabilidad», anota en tu cuaderno el mayor número de palabras posibles. Por ejemplo: sapo, libro…

3 Diseña en tu cuaderno señales como esta que rechacen sentimientos negativos:

4 Asocia en tu cuaderno cada colmo con su solución:

1) ¿Cuál es el colmo de la honradez?

2) ¿Cuál es el colmo del egoísta?

3) ¿Cuál es el colmo del vago?

a) Que los Reyes Magos le traigan un yoyó.

b) Madrugar para estar más tiempo sin hacer nada.

c) Encontrar un trabajo y devolverlo.

TAREA TRIMESTRAL

Este Picasso es un caso

¡Qué divertido es Picasso!
Es pintor rompecabezas
que al cuerpo rompe en mil piezas
y pone el rostro en los pies.
¡Todo lo pinta al revés!
¡Este Picasso es un caso!
Es un puro disparate.
No es que te hiera o te mate,
pero, en lugar de dos cejas,
te coloca un par de orejas.
¡Vaya caso el de Picasso!
Te deja que es una pena:
te trastoca y desordena,
te pone pies en las manos
y en vez de dedos, gusanos.
¡Si es que Picasso es un caso!
En la boca pinta un ojo,
y te lo pinta de rojo.
Si se trata de un bigote,
te lo pondrá en el cogote.
¡Menudo caso es Picasso!
¿Eso es hombre o bicicleta?
¡Si es que ya nada respeta!
Esos ojos que tú dices,
no son ojos... ¡son narices!
¿No es un caso este Picasso?
Todo lo tuerce y disloca:
las piernas, brazos y boca.
No es verdad lo que tú ves...
¡Él pinta el mundo al revés!
¡Qué Picasso es este caso!

Carlos Reviejo y Eduardo Soler, *Canto y cuento*, Editorial SM.

Trabajo con el texto

1 Buscad alguno de los retratos de Picasso y comentad en clase qué os parecen.

2 Dibuja un autorretrato siguiendo las pautas que se describen en la poesía.

8 ¿Solo palabras?

La coleccionista de palabras

Luna era una niña extraordinaria. Vivía más arriba que cualquier otra persona. Y tenía una pasión muy peculiar: Luna coleccionaba palabras, de la misma forma que otras personas coleccionan sellos.

Palabras divertidas, que al decirlas te hacen cosquillas en el paladar, palabras tan bellas que hacen llorar y palabras amables que acarician el alma.

Palabras mágicas, palabras deliciosas, palabras largas y cortas, palabras divertidas, palabras magníficas, palabras locas, palabritas, palabras curiosas…

Pero llegó un día en que todo cambió. Poco a poco, las palabras bellas, magníficas y divertidas fueron desapareciendo. ¿Qué había pasado con ellas?

Luna preguntó a los pájaros, a las nubes y a los viajeros. Y todos contestaron lo mismo: «Los hombres se están olvidando de las palabras bellas», «Ya no les dan importancia», «Están demasiado ocupados».

Aquella noche, Luna no pudo conciliar el sueño. Y cuando los primeros rayos de sol enviaron las estrellas a dormir, tomó una decisión… Puso todas las palabras que poseía en una maleta grande y con ella emprendió un viaje.

Volaba por encima de mares y continentes, montañas y ciudades. Allí donde reinaba el odio y la violencia, sembró palabras de fraternidad, de amor y de tolerancia en el corazón de la gente. Donde había personas tristes, tendió hilos de palabras cálidas que hablaban de amistad y compasión. Y allí donde todos estaban demasiado ocupados para reír juntos y ciegos ante el milagro de la naturaleza, esparció las palabras más divertidas, locas y mágicas que poseía.

Y aquellas palabras hicieron cosquillas a la gente en su nariz, su lengua y sus oídos.

Sonja Wimmer, *La coleccionista de palabras*,
Editorial Cuento de Luz.

Trabajo con el texto

- Inventa un final para este cuento.
- ¿Cómo imaginas a Luna?
- ¿Piensas que es importante emplear palabras agradables? ¿Por qué?

¡Cuántas palabras!

¿Te gusta conocer el significado de muchas palabras? ¿Y utilizar palabras variadas? Seguramente sí, y lo más probable es que te guste emplear un lenguaje correcto y expresar lo que piensas con precisión.

Además, los alumnos que se expresan bien comprenden casi siempre las explicaciones del maestro o los textos de los libros.

La habilidad con el lenguaje nos ayuda a comunicarnos y a conocer el mundo que nos rodea, por eso es tan importante.

Podemos desarrollar esta capacidad de muchas formas: por ejemplo, escuchando atentamente lo que nos cuentan y preguntando por el significado de las palabras que no entendemos, leyendo, explicando detalladamente nuestras ideas…

Pero también existen muchísimos juegos divertidos con el lenguaje que podemos hacer en sitios diferentes y con padres, amigos, primos…

Algunos de estos juegos consisten, por ejemplo, en decir palabras que empiecen por «r» o que no tengan la letra «o», palabras graciosas, palabras al revés, hacer frases con palabras opuestas…

ACTIVIDADES

1 Piensa en la palabra más larga que conozcas. Escríbela en una hoja y combina sus letras para formar otras diferentes.

2 Lee el ejemplo y amplía la siguiente oración tres veces añadiendo solo una palabra cada vez: «Yo leo un cuento». Ejemplo:

a) Lucía come pescado.

b) Lucía come mucho pescado.

c) Lucía come siempre mucho pescado.

d) Lucía come siempre mucho pescado azul.

3 ¿Conocéis algún juego con el lenguaje? Elegid uno en clase y jugad.

El ritmo y la entonación

Ya hemos aprendido que la comunicación no se realiza solo con palabras. En ella intervienen otros aspectos, como los gestos de la cara y los movimientos del cuerpo. Pero también son importantes el ritmo y la entonación.

Cada lengua tiene un ritmo propio, que define su sonoridad particular. Por ejemplo, con un poco de experiencia, podemos distinguir el francés del alemán, aunque no entendamos ninguno de los dos.

Además, nuestro estado emocional nos lleva a utilizar una entonación y un ritmo diferentes; es decir, hablamos de maneras diferentes cuando estamos tristes, alegres, enfadados… Por la entonación, sabemos cómo se siente la persona que habla o a qué le quiere dar más importancia.

Tal vez, mientras estamos conversando no prestamos atención, pero sí nos llama la atención cuando, por ejemplo, nos cuentan un cuento. Si se entona bien, sentiremos las emociones de los protagonistas y comprenderemos mejor sus situaciones. Por eso es tan importante que aprendamos a leer bien, porque entenderemos mejor y disfrutaremos mucho más.

ACTIVIDADES

1 Leed en clase el poema de al lado y aplaudid a aquellos compañeros y compañeras que lo hayan entonado muy bien.

2 Escribe tú ahora un texto (un poema, una canción, una historia, un cuento de terror…), léelo en clase e intenta transmitir a tus compañeros y a tus compañeras tus emociones con el ritmo y la entonación.

3 Buscad las instrucciones de algún electrodoméstico que tengáis en casa y leedlas en clase. ¿Transmiten alguna emoción? ¿Con qué ritmo y entonación se leen?

Canción de invierno

Cantan. Cantan.
¿Dónde cantan los pájaros que cantan?

Ha llovido. Aún las ramas
están sin hojas nuevas. Cantan. Cantan
los pájaros. ¿En dónde cantan
los pájaros que cantan?

No tengo pájaros en jaulas.
No hay niños que los vendan. Cantan.
El valle está muy lejos. Nada…

Yo no sé dónde cantan
los pájaros —cantan, cantan—
los pájaros que cantan.

Juan Ramón Jiménez.

Preguntas adecuadas

Todos los días, en clase, nos surgen preguntas. Las que no se le ocurren a uno, se le ocurren a otro.

¿Cuándo debo hacer las preguntas? Si nos están explicando una actividad o cómo resolver un problema, después de escuchar la explicación preguntaremos por aquello que no hemos entendido bien.

Otras veces, cuando nos explican un tema largo, conviene levantar la mano durante la explicación. De esa manera evitamos perdernos y entenderemos mejor.

¿Cómo deben ser las preguntas? Deben estar relacionadas con lo que se está hablando y conviene formularlas con precisión. No preguntamos para distraer ni para presumir, sino para aprender.

Por otra parte, cuando es el profesor o la profesora el que nos pregunta a nosotros, nuestras respuestas deben ser completas, aportando la mayor información posible; no vale con un simple «sí» o «porque sí». Debemos argumentar la respuesta y poner ejemplos.

ACTIVIDADES

1 Haz una pregunta coherente con estas palabras: «nacer», «sol», «primavera».

2 Contesta con más de diez palabras a las siguientes preguntas:

a) ¿Cuál es tu libro favorito?

b) ¿Te gustan los pasteles?

c) ¿Tienes hermanos?

3 Lee el texto del principio de la unidad y haz dos preguntas sobre él.

4 Reflexionad en grupo:

a) En tu clase, ¿hay niños que interrumpen las explicaciones con peguntas sin sentido?

b) ¿Cómo hacéis generalmente las preguntas?

c) ¿Esperáis las indicaciones del profesor?

REPASO DE LA UNIDAD

Cuidando mis palabras

El lenguaje es un instrumento fundamental en nuestra relación con las demás personas.

La amplitud de vocabulario y la fluidez son capacidades que hacen que nos resulte más fácil leer, hablar, escribir o entender lo que nos dicen. Hay juegos que pueden ayudarnos a mejorar en ese aspecto, aprendiendo nuevas palabras, por ejemplo.

El lenguaje no se compone solo de palabras, sino también de otros aspectos, como los gestos, el ritmo o la entonación. Estos elementos son fundamentales en la comunicación de las emociones. Un robot hablando carece de ritmo y de entonación, por lo que puede transmitir ideas, pero no sentimientos y emociones.

Cada ocasión requiere un uso diferente del lenguaje: no hablamos igual en el patio que en casa o durante la clase.

Cuando atendemos a una explicación del maestro, podemos preguntar lo que no entendamos, pero debemos hacerlo con respeto y prestar atención a la respuesta.

1 ¿Qué crees que quiso decir Cervantes cuando escribió «Más vale una palabra a tiempo que cien a destiempo».

2 Haz un «cuadro de palabras» con aquellas que producen un efecto positivo en los demás. Por ejemplo: «amor», «alegría», «sinceridad»... Inventa un símbolo bonito que las represente.

3 Lee estos versos de tres formas diferentes: primero, muy rápido; luego, excesivamente despacio, y por último, a la velocidad adecuada y con el ritmo y la entonación correctos.

Comentad en clase las diferencias que observáis entre las distintas formas de leerlo.

¿Qué es poesía?

¿Qué es poesía? Dices mientras clavas
en mi pupila tu pupila azul;
¿Qué es poesía...? ¿Y tú me lo preguntas?
¡Poesía... eres tú!

Gustavo Adolfo Bécquer.

4 Escribe un breve cuento sobre el lenguaje con el título siguiente: «El ladrón de palabras».

5 A lo largo de una semana, anota en tu cuaderno las preguntas que planteen tus compañeros y compañeras en clase que te parezcan realmente interesantes. Explica por qué las has elegido.

9 Escúchame

Eco

Júpiter era el dios más poderoso de todo el Olimpo romano. A él le encantaba descender a la Arcadia para charlar y reír con sus habitantes, pero temía que su mujer, Juno, se enfadase. Por eso ideó una ingeniosa estratagema. Júpiter convenció a la ninfa Eco para que charlara de cualquier cosa con Juno mientras él aprovechaba para distraerse.

Y el truco funcionó durante un tiempo: Eco mantenía largas conversaciones con Juno sin ningún sentido, hablando sin parar y con el único objetivo de distraer y engañar a la diosa.

Pero en cierta ocasión, Júpiter lo estaba pasando tan bien que olvidó que su mujer podía escucharle y soltó tal carcajada que Juno se dio cuenta de lo que estaba ocurriendo. Entonces la diosa decidió hacer pagar a la desdichada su complicidad y su traición.

El castigo consistió en hacer que no pudiera hablar con sentido: Eco se limitaría a repetir la última palabra que dijera la persona con la que estaba. No podía evitarlo. Pensaba correctamente y tenía deseos como los demás, pero era incapaz de comunicarlos. Su voz era como un espejo estropeado.

Esto hizo que se avergonzara y se retirara a las profundidades del bosque. Hasta que un día pasó por allí un cazador llamado Narciso. Eco quiso hablar con él, pero cuando Narciso le preguntó «¿Quién eres?» no pudo contestar más que «Eres». A la cuestión «¿Qué deseas?» respondió «Deseas».

Como no consiguió comunicarse con él, Narciso se marchó y ella decidió ocultarse en una cueva, donde permaneció sin comer hasta que sus huesos se confundieron con las rocas y no quedó de ella más que su voz, que todavía podemos escuchar en algunas cavernas y acantilados.

Ovidio, *Metamorfosis*, Alianza Editorial. (Adaptación).

Trabajo con el texto

- ¿Qué te parece la explicación del eco en este mito?
- ¿Crees que es importante hablar y comunicarse correctamente?
- Escribe tres cosas que no podríamos conseguir sin comunicarnos correctamente.

El diálogo y la conversación

Como ya tenemos 9 o 10 años, sabemos que la forma más habitual de comunicarnos es el diálogo; es decir, hablando entre dos personas por turnos.

En un diálogo es fundamental que las dos partes expresen sus intereses, ideas y sentimientos con total libertad y que se escuchen hasta el final. Es tan importante contar lo que queremos decir como escuchar al otro.

En una conversación puede haber más de dos personas, pero las reglas son las mismas en todos los casos: escuchar, respetar y esperar nuestro turno. Eso no quiere decir que tengamos que pedir la vez para hablar levantando la mano, sino que debemos esperar a que el otro haya terminado y no interrumpirlo.

Hay veces en las que algunas personas hablan más alto que los demás para que los otros se callen y se les escuche a ellos, en vez de esperar. Esto puede pasar en la clase, en el patio, en la calle…, y hasta en los programas de televisión. Cuando ocurre, la comunicación se vuelve imposible, no nos entendemos y, además, podemos llegar a enfadarnos.

ACTIVIDADES

1 ¿Qué ocurre cuando en una conversación todos hablan a la vez? ¿Se entienden?

2 ¿Cómo crees que son las personas que respetan el turno de palabra y escuchan lo que les están diciendo?

3 Escribid en vuestro cuaderno un diálogo entre tres personajes en el que no se respeten las normas que hemos señalado.

El debate

¿Sabes qué es un debate? Un debate es un intercambio organizado y razonable de opiniones entre varias personas que opinan de forma diferente.

Para que nos ayuden a aprender y a entendernos, los debates exigen que los participantes tengan información y expongan sus ideas de una manera clara y bien argumentada, respetando los turnos de palabra y las opiniones de los demás, aunque no coincidan con las suyas.

A veces, los debates son espontáneos, es decir, suceden sin preparación, pero otras muchas se organizan en lugares como la clase, la radio o la televisión sobre un asunto concreto que sea de especial importancia.

En el último caso, el debate suele dirigirlo un moderador, es decir, una persona encargada de organizar los turnos de palabra y de intervenir cuando alguno de los participantes muestre una actitud incorrecta o poco respetuosa, procurando que todos tengan las mismas posibilidades de hablar.

El objetivo del debate es el intercambio de ideas y, en la medida de lo posible, lograr un acuerdo sobre el asunto del que se trate.

ACTIVIDADES

1 Organizamos un debate en clase. Para ello vamos a seguir estos pasos:

a) Seleccionamos un tema.

b) Elegimos un moderador.

c) Hacemos grupos, cada uno con una propuesta.

d) Los participantes se colocan en forma de «U» con el moderador en el medio.

e) El moderador da inicio al debate y concederá el turno y llamará la atención a todo aquel que no lo respete o no participe de forma adecuada.

f) Al final, cada grupo resume su propuesta.

2 ¿Os ha parecido útil esta forma de comunicación? ¿Habéis llegado a algún acuerdo?

Habilidades de escucha

Las habilidades de escucha que debemos desarrollar en el colegio nos ayudan a entender a los demás, a relacionarnos y a aprender de ellos.

Existen técnicas que sirven para mejorar estas habilidades, como una llamada «parafrasear». Consiste en repetir lo que tratamos de entender con palabras más sencillas o conocidas por nosotros.

Por ejemplo, si leemos este fragmento de un poema de Juan Ramón Jiménez:

> Estoy triste, y mis ojos no lloran
> y no quiero los besos de nadie;
> mi mirada serena se pierde
> en el fondo callado del parque.

Expondremos lo que dice del modo siguiente: «El poema cuenta que el poeta está triste pero tranquilo y que prefiere estar solo en el parque».

Si nos acostumbramos a parafrasear lo que escuchamos o leemos cuando nos resulta un poco complicado o nuevo, nos quedarán las ideas más claras y lograremos entender mejor lo que nos quieren decir.

Esto también lo hacemos cuando nos dan explicaciones que resultan largas o confusas. En otros momentos, el parafraseo nos servirá para resolver algún conflicto, evitando repetir las palabras negativas que se hayan empleado.

ACTIVIDADES

1 Parafrasea lo que cuenta el poeta Antonio Machado en estos versos.

> Está en la sala familiar, sombría,
> y entre nosotros, el querido hermano
> que en el sueño infantil de un claro día
> vimos partir hacia un país lejano.

2 ¿Qué te está pidiendo tu madre cuando te da las siguientes instrucciones?:

Necesito que vayas a la tienda, busques entre las cremas la que compramos habitualmente para protegernos del sol y compres una de factor 50 y otra para después de la exposición solar.

3 Corrige cómo le dirías a tu profesor o profesora que alguien no ayuda en un trabajo en grupo: «Es un pesado. Llega tarde y no colabora con el grupo».

Repaso de la unidad

Hablando nos entendemos

Cuando dos o más personas hablan entre sí expresando sus opiniones y escuchándose mutuamente están dialogando. El diálogo exige que todos los participantes respeten el turno y la opinión de los demás, tratando de convencer con argumentos, no por la fuerza o mediante su autoridad.

Los debates son diálogos organizados de acuerdo con unas normas para que las personas que intervienen tengan las mismas posibilidades de expresar su opinión. Suelen incluir turnos de palabra y la presencia de un moderador.

Mediante él parafraseo podemos mejorar nuestra capacidad lingüística. Consiste en repetir las mismas ideas que nos transmiten de forma más sencilla. Esto puede ayudarnos tanto a comprender algo como a explicarnos mejor.

1 ¿Conoces algún programa de debate en la televisión? ¿Cómo lo organizan? ¿Es interesante seguirlo? ¿Por qué?

2 Imaginad que estáis en un programa de radio y, por turno, sin gestos ni movimientos, solo con las palabras, de espaldas a los compañeros y a las compañeras, explicad cómo baila vuestro cantante favorito.

3 Por parejas. Coge un lápiz y un papel y dibuja un paisaje escuchando las indicaciones exactas de tu compañero o compañera. Después, intercambiad los papeles.

4 Haz un dibujo inspirándote en el siguiente aforismo del poeta Rafael Pérez Estrada: «Todas las mañanas le regalaba un ramo de palabras frescas».

10 Entiendo lo que te pasa

La profesora comprensiva

Hola, me llamo Óscar. Hoy, mi amigo Adrián ha llegado a clase muy triste. Se ha pasado todo el día sin hablar con los compañeros, se ha sentado en su silla y ha dejado la mochila en mitad del pasillo. Iván le ha preguntado qué le pasaba, pero Adrián no ha querido contárselo. Parecía que no tenía fuerzas para hablar. Estaba muy apenado.

Cuando ha llegado la profesora, todos nos hemos callado, le hemos dicho buenos días y ella nos ha contestado que hoy iba a ser un día maravilloso para todos. En ese momento, Adrián se ha puesto a llorar, sin que ninguno supiéramos por qué.

Nuestra profesora, que es muy atenta y se preocupa mucho por nosotros, parece que comprende siempre lo que nos pasa y nos ayuda a que nos entendamos mejor. Todos los días dice que debemos «ponernos en la piel del otro», que es algo así como intentar adivinar lo que sienten y lo que piensan los demás para relacionarnos mejor unos con otros. Yo estoy encantada con ella. Se llama Patricia.

Patricia se ha preocupado mucho por Adrián y le ha preguntado qué le ocurría. Pero Adrián no ha podido decir nada. Entonces, la profesora nos ha preguntado a nosotros:

—¿Alguien sabe qué le pasa hoy a Adrián?

Iván ha levantado la mano y ha dicho:

—Yo no tengo ni idea, pero no ha querido hablar con nosotros en la fila.

—No sé, pero yo le he preguntado y no me lo ha querido decir —ha comentado Ana—. Parece que quería estar solo.

Unos compañeros han señalado cómo ha entrado en clase y otros han dicho que no había querido jugar con ellos.

Patricia, después de escuchar atentamente, ha consolado a Adrián y nos ha comentado que preguntará a sus padres qué le ha pasado.

Elisa Lucena Llorca.

Trabajo con el texto

- ¿Qué le puede pasar a Adrián?
- ¿Cómo se ha comportado la profesora?
- Describe cómo ha actuado cada uno de los personajes de esta historia.

Me pongo en su lugar

Todos tenemos días mejores y días peores. A veces ni siquiera sabemos por qué; simplemente nos levantamos de buen humor o malhumorados.

Otras veces nos preocupa algo que ha ocurrido o que tememos que puede suceder. También hay días en los que parece que no nos sale nada bien...

En fin, hay muchos motivos diferentes que afectan a nuestra forma de sentirnos o de relacionarnos con los demás. Reflexionar sobre ellos y tratar de conocerlos nos puede ayudar a afrontar mejor los problemas.

Hemos de procurar entender lo que les ocurre a los demás, y así podremos ayudarlos si lo necesitan. Ahora bien, aunque alguien pudiera tener motivos para estar disgustado, nada justifica que deba comportarse mal con los demás, pues ellos no tienen la culpa.

Entender lo que le sucede a otra persona también puede servir para ayudarla a que se entienda mejor a sí misma y a que encuentre una solución adecuada para resolver sus problemas.

Si nos acostumbramos a reflexionar sobre cómo nos sentimos nosotros mismos y cómo se encuentran los demás, podremos manejar mejor las emociones, calmarnos, animarnos y controlar los estados de ánimo. «Poniéndonos en el lugar» de los demás, nos comprendemos y mejoramos.

ACTIVIDADES

1 Piensa en una posible razón del comportamiento de las siguientes personas:

a) Tu madre llega enfadada a recogerte al colegio.

b) Papá friega los platos cantando.

c) Tu vecina se cruza contigo sin saludarte.

d) El dependiente de la tienda contesta de forma poco amable a una pregunta que le planteas.

2 Poned en común las razones que habéis dado para explicar el comportamiento de las personas de la actividad anterior y debatid sobre lo difícil que es ponerse en el lugar de los demás.

3 Escribe en tu cuaderno la historia de una persona que roba una bicicleta. Leedlas todas en clase y comprobad si algunos coincidís en las razones que explican el robo.

¡Sé empático!

Las personas tenemos emociones que son difíciles de conocer y de manejar. Mostramos esos sentimientos a través de nuestros gestos, palabras y actitudes. Algunos nos resultan fáciles de reconocer; otros, en cambio, nos cuesta mucho.

Por ejemplo, parece fácil identificar cuándo alguien se siente triste o alegre, pero resulta difícil saber cuándo está preocupado, indignado, esperanzado…

La capacidad de entender cómo se sienten los demás se llama «empatía». Los niños empáticos son más sensibles, respetuosos y colaboradores. Están abiertos a todo tipo de personas, porque son capaces de ver más allá del aspecto exterior. Esto les ayuda a relacionarse mejor con los demás.

Todos podemos practicar y mejorar nuestra capacidad empática. Para ello debemos reflexionar sobre nuestras emociones, entender por qué nos enfadamos o qué nos alegra. También podemos fijarnos en cómo se expresan los demás, para intentar descubrir cómo se sienten e imaginar cómo actuaríamos si estuviéramos en su lugar.

ACTIVIDADES

1 Dividíos en grupos y haced un listado de canciones que os inspiren los siguientes sentimientos: amor, alegría, tristeza.

2 Asociad algunas de las siguientes emociones a cada uno de estos dibujos y poned en común vuestra opinión con los compañeros de clase:

Pena, rabia, sorpresa, serenidad, temor, vergüenza, miedo, ira, envidia, enfado, placer, dolor, curiosidad, calma, cariño, aburrimiento, alegría, satisfacción.

Conocer al otro

Los seres humanos vivimos en sociedad. Conocemos a otras personas con las que nos relacionamos de una manera íntima o superficial, de las que podemos saber mucho o a las que apenas hemos visto.

Si vamos a una tienda, nos saluda el dependiente; si subimos la escalera de nuestro portal, hablamos con el vecino; si vamos al colegio, charlamos con los otros niños. Eso es relacionarse con otras personas.

Pero conocer cómo son los demás, cuáles son sus intereses, sus sentimientos, sus hábitos o sus creencias es algo muy diferente. Podemos imaginarlos por su comportamiento, pero es muy habitual que nos confundamos.

Para conocer bien a una persona, es necesario tener una relación cercana con ella; debemos interesarnos por las cosas que le preocupan o le hacen feliz, saber lo que le molesta, estar informados de sus problemas, entender sus deseos...

A lo mejor sé de qué equipo de fútbol es mi mejor amigo o cuál es su color favorito, pero no sé cómo se siente cuando ha obtenido una nota baja en un examen. Hay tantos aspectos en la vida de cada uno de nosotros que seguramente conoceremos profundamente a pocas personas.

ACTIVIDADES

1. Piensa en una persona a la que conozcas bien y anota tres de sus cualidades.
2. ¿A qué compañeros o compañeras conoces mejor? ¿Por qué?
3. Dibuja en tu cuaderno tres círculos y escribe en cada uno el nombre de un compañero o de una compañera y cinco aspectos de su personalidad o de su comportamiento.

Repaso de la unidad

Te comprendo

No siempre estamos de buen humor. Y lo mismo les ocurre a las demás personas; por eso, aparte de controlar nuestro mal genio, es importante intentar comprender a los demás cuando pueden encontrarse en un mal momento, tratar de ayudarlos a calmarse y perdonarlos por su comportamiento. Para hacerlo, es bueno «ponernos en su lugar».

La capacidad para entender las emociones de los demás se llama «empatía». Todos podemos incrementarla reflexionando sobre nuestros sentimientos y prestando atención a la expresión de los sentimientos de los demás.

Es imposible conocer perfectamente cómo son o cómo se sienten los demás, pero es muy positivo interesarnos por las personas a las que queremos, tratar de saber qué les hace felices y qué les preocupa. Así podremos ayudarlos cuando se encuentren en momentos difíciles.

1 ¿Te preocupan los sentimientos de los demás? ¿Qué piensas cuando un amigo o una amiga está enfadado o triste? ¿Y cuando lo ves contento?

2 ¿Te gusta que la gente que te aprecia te pregunte qué te pasa cuando te ven preocupado? ¿Por qué?

3 ¿Tú preguntas a tus familiares o amigos cuando les notas preocupados? ¿Crees que vale la pena?

4 Escribid una breve historia sobre la empatía en la que utilicéis alguna de estas expresiones: «ponerse en su piel», «ponerse en sus zapatos», «ponerse en lugar del otro».

5 Buscad en los periódicos o en Internet una noticia protagonizada por un niño e intentad explicar sus sentimientos en el momento de los hechos.

6 En grupos de cuatro, cada componente del equipo debe asociar un animal a cada uno de los otros en función de la forma de ser que transmiten. Después, explicad por turnos por qué habéis hecho esa asociación.

11 Respeto a los demás

Me dirijo al bosque

Fermín apenas había cumplido seis años. Vivía con sus padres y sus hermanos, Juan y Ramón, en un pueblo cercano a un bosque neblinoso, en lo alto de una montaña, donde crecían orquídeas y helechos y volaban los quetzales. El pequeño no podía disfrutar de esas imágenes porque era ciego de nacimiento.

El niño llevaba una vida normal y estudiaba gracias a la lectura en voz alta que hacían sus familiares. Los demás habitantes lo respetaban, pero no le tenían el mismo aprecio que a los niños con vista normal, pues sentían que no podría ayudarlos en las faenas del campo. No sabían que, al carecer de vista, Fermín había desarrollado más de lo normal sus otros sentidos: su olfato era más refinado, su oído detectaba sonidos imperceptibles para los demás y sus dedos podían percibir cambios sutiles en los objetos. Su mejor amigo era el bosque de niebla. [...]

Eran tiempos de revolución y asaltantes. Los habitantes del pueblo de Fermín se creían a salvo, pues pensaban que los bandoleros andaban lejos, pero en realidad los pillos planeaban atacarlo... Una mañana, paseando por el bosque, Fermín notó señales extrañas. Tocó los troncos y percibió la vibración de una cabalgata; respiró, y olió el humo de fogatas; aguzó su oído, y escuchó ecos de un galope. ¡El bosque le dijo que los bandoleros iban hacia el pueblo!

Nervioso, informó a los habitantes, pero no le hicieron caso. Sus hermanos lo tomaron en serio y corrieron por las calles recomendando a todos que apagaran velas y braseros, que se quedaran quietos y guardaran a sus perros para que los malvados no encontraran el pueblo. Orgulloso de Fermín, el bosque —con ayuda de la lluvia y la noche— produjo una espesa neblina que ocultó las casas entre los montes. Al acercarse, uno de los bandoleros dijo: «Aquí no se ve nada. ¡Era mentira lo del pueblo!», y se alejaron galopando. Al amanecer, cuando la niebla se había dispersado, Fermín se sintió feliz: los demás veían, sí, pero solo él podía hablar con el bosque.

Fundación Televisa. (Adaptación).

Trabajo con el texto

- ¿Por qué en el pueblo no apreciaban a Fermín como a los demás?
- ¿Qué cualidades tenía, sin embargo, Fermín?
- ¿Crees que eso también pasa con otras personas diferentes? ¿Por qué?

Tipos de exclusión

Hay personas que no juzgan a los demás por sus propios méritos, teniendo en cuenta sus cualidades personales, sino por otras razones ajenas a ellos. No aplican el mismo criterio para valorar a las personas.

En muchos casos, no respetan a otros por ser de otro país y, en general, por tener ideas o costumbres diferentes de las suyas (xenofobia), por ser de otra raza (racismo), por pertenecer al otro sexo (sexismo y machismo) o también por tener alguna discapacidad.

Algunas de ellas llegan a emplear la violencia, a humillar y a agredir a quienes consideran inferiores a ellos. Otras muchas, sin llegar a la agresión física, no respetan, no valoran o desprecian a otros.

Esta intolerancia basada en prejuicios resulta absurda, porque perjudica a las personas a las que afecta sin conocerlas. Luego no tenemos ninguna razón para despreciarlas. ¡Imagina que un compañero te rechazase porque eres el más alto de la clase o porque tienes un lunar en la oreja izquierda o porque te gusta comer la hamburguesa con mostaza, en vez de con kétchup!

ACTIVIDADES

1 ¿Cómo crees que se sienten las personas excluidas?

2 ¿Cómo te sentirías y qué harías si te excluyeran de una obra de teatro o de un equipo deportivo?

3 ¿Y qué harías si excluyeran a un compañero o compañera de clase?

4 Escribe frases positivas con las palabras «racismo», «xenofobia», «sexismo», «exclusión».

Los prejuicios

Si observas a tus compañeros, verás que todos sois diferentes. Esas diferencias serán aún mayores si te fijas en tu localidad, en tu país o en el mundo entero. Pero que seamos diferentes no significa que unos seamos mejores que otros. Considerar a otros inferiores sin conocerlos ni comprobar lo que nos dicen es lo que se llama un «prejuicio».

Los prejuicios son ideas previas que asumimos sobre algo o alguien sin tener razones ni argumentos comprobados que nos lleven a ellas. Los prejuicios se basan en la ignorancia y el miedo, y llevan a la desconfianza, al odio y a la violencia.

Una de las causas de los prejuicios es que nos dejamos llevar por lo que oímos, sin pensar en ello. Además, se basan en la impresión de que todas las personas de un mismo grupo son iguales. Por ejemplo, cuando creemos que por haber nacido en un lugar o por tener un color de piel o por ser de un sexo estamos obligados a actuar de una manera establecida.

Pensar así puede impedir que conozcamos de verdad a las personas de esos grupos. Lo cierto es que no solo cada uno es diferente, sino que, además, todos tenemos algo que aportar y que podemos mejorar.

ACTIVIDADES

1 Reflexiona unos minutos en silencio sobre lo que se ha explicado, busca ejemplos y comenta con tus compañeros y compañeras si te parecen correctos o no.

2 Piensa en estas situaciones y di si en ellas se perciben prejuicios o no:

a) Pablo tiene un primo con gafas. Cuando se lo presenta a sus amigos, todos piensan que no juega muy bien al fútbol.

b) Irene se traslada de ciudad. En su nuevo colegio las compañeras se acercan para preguntarle de dónde viene y enseñarle el patio de recreo.

c) En el autobús, una señora dice que le han robado el bolso y todos los pasajeros miran a un joven de pelo largo que viaja en el asiento de atrás.

¿Todos iguales? No, gracias

Cuando las personas nacemos, nadie nos pregunta cómo queríamos ser: altos o bajos, rubios o morenos, con cara redonda o pelo rizado. Ni siquiera tus padres escogieron tu aspecto y tus cualidades.

Hay gente que tiene la piel más clara o más oscura, con más o menos fuerza, con mejor o peor memoria, pero ninguna de esas características convierte a unos en mejores personas que otros.

Tampoco hemos podido decidir el lugar en el que queríamos nacer, ni las creencias de nuestros padres, ni sus costumbres.

Ninguna de esas circunstancias nos hace superiores o inferiores a los demás. En cambio, sí podemos sentirnos orgullosos de aquello en lo que mejoramos gracias a nuestro esfuerzo.

Las diferencias de unos con otros hacen la vida humana especialmente interesante. Las hormigas de un hormiguero son prácticamente indistinguibles y su vida parece monótona y aburrida. En cambio, nosotros podemos sorprendernos unos a otros y encontrar actividades en las que destacar y aprender.

ACTIVIDADES

1 Explica qué relación tiene esta reflexión del poeta Antonio Machado con la tolerancia:

> Que dos y dos sean necesariamente cuatro, es una opinión que muchos compartimos. Pero si alguien sinceramente piensa otra cosa, que lo diga. Aquí no nos asombramos de nada.

2 Infórmate sobre las siguientes culturas y anota en tu cuaderno algunas de sus diferencias:

Cultura china, cultura musulmana, cultura gitana, cultura de alguna tribu africana.

3 Lee las siguientes palabras del secretario general de la ONU, Ban Ki-moon, en su mensaje del Día Internacional de la Tolerancia y explica su significado:

> La tolerancia no significa indiferencia ni aceptación desganada de los demás. La tolerancia es un modo de vida basado en la comprensión mutua y el respeto al prójimo, y en la convicción de que la diversidad mundial hay que aceptarla y no temerla.
>
> La tolerancia es esencial para construir una sociedad mundial unida en torno a valores comunes.

Repaso de la unidad

Por encima de todo, el respeto

Hay personas que rechazan a otras porque se distinguen de ellas en algún aspecto más o menos superficial. Esto conduce a la discriminación: a criticar, insultar o maltratar a gente porque pertenece a un grupo diferente del nuestro.

La discriminación va contra la igualdad de derechos del ser humano y contra los principios de la Constitución española.

La discriminación suele apoyarse en prejuicios, que son ideas preconcebidas acerca de personas que no conocemos y de las que hemos oído hablar de manera despectiva. Lo más probable es que no conozcamos a nadie del grupo mencionado. Si lo hiciéramos, descubriríamos que son muy parecidos a nosotros en muchos aspectos.

Cada uno de nosotros nace con unas características físicas y unas cualidades que no ha elegido. Pero todos somos personas y tenemos la misma dignidad y los mismos derechos. Debemos entender la variedad humana como una oportunidad de complementarnos y de aprender.

1 Piensa en una persona a la que conozcas cuyos orígenes sean desconocidos para ti. Elabora una serie de preguntas sobre su vida, anota sus respuestas y busca qué tienes en común con ella.

2 De todos los tipos de exclusión que conoces, ¿cuál has podido observar personalmente? Describe la situación e imagina los sentimientos de cada una de las personas implicadas.

3 Los prejuicios son ideas que no favorecen la convivencia. ¿Por qué?

4 ¿Te parece justo que se valore a las personas por su lugar de nacimiento, por la cultura de sus padres o por su capacidad para hacer las cosas? Debatid en clase sobre ello.

5 Observa a estos niños y niñas, y anota en tu cuaderno cinco semejanzas. A continuación, piensa en dos cualidades positivas que transmiten cada uno de ellos.

12 Nuestros derechos

Los derechos de los niños

Preámbulo: El Preámbulo [...] reafirma la necesidad de proporcionar a los niños cuidado y asistencia especiales en razón de su vulnerabilidad; subraya de manera especial la responsabilidad primordial de la familia por lo que respecta a la protección y la asistencia, la necesidad de una protección jurídica y no jurídica del niño antes y después del nacimiento, la importancia del respeto de los valores culturales de la comunidad del niño y el papel crucial de la cooperación internacional para que los derechos del niño se hagan realidad. [...]

No discriminación: Todos los derechos deben ser aplicados a todos los niños, sin excepción alguna, y es obligación del Estado tomar las medidas necesarias para proteger al niño de toda forma de discriminación. [...]

Supervivencia y desarrollo: Todo niño tiene derecho intrínseco a la vida y es obligación del Estado garantizar la supervivencia y el desarrollo del niño. [...]

Salud y servicios médicos: Los niños tienen derecho a disfrutar del más alto nivel posible de salud y a tener acceso a servicios médicos y de rehabilitación, con especial énfasis en aquellos relacionados con la atención primaria de salud, los cuidados preventivos y la disminución de la mortalidad infantil. [...]

Nivel de vida: Todo niño tiene derecho a beneficiarse de un nivel de vida adecuado para su desarrollo y es responsabilidad primordial de padres y madres proporcionárselo. Es obligación del Estado adoptar medidas apropiadas para que dicha responsabilidad pueda ser asumida y que lo sea de hecho, si es necesario, mediante el pago de la pensión alimenticia.

Educación: Todo niño tiene derecho a la educación y es obligación del Estado asegurar por lo menos la educación primaria gratuita y obligatoria. La aplicación de la disciplina escolar deberá respetar la dignidad del niño en cuanto persona humana. [...]

Trabajo de menores: Es obligación del Estado proteger al niño contra el desempeño de cualquier trabajo nocivo para su salud, educación o desarrollo; fijar edades mínimas de admisión al empleo y reglamentar las condiciones del mismo. [...]

Convención sobre los Derechos del Niño, «Resumen no oficial de las disposiciones principales», Unicef. (Selección).

Trabajo con el texto

- ¿Quiénes son los principales responsables de proteger a los niños y a las niñas?
- Elige alguno de los derechos citados y explícalo.
- Algunos niños y niñas trabajan y no pueden ir al colegio. ¿Eso está bien?

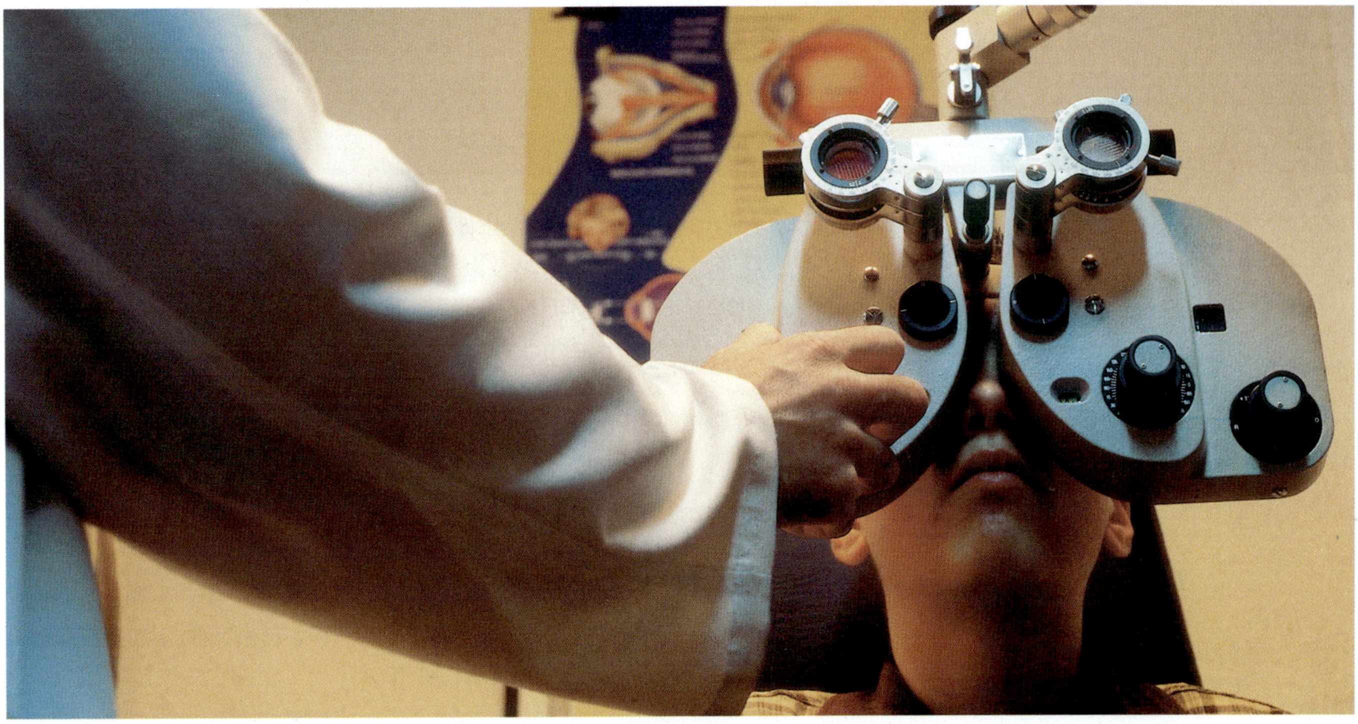

Los niños también tenemos derechos

En 1948, en París, se proclamó la Declaración Universal de los Derechos Humanos. Mediante esta declaración, muchos estados se comprometieron a garantizar que todos los hombres y las mujeres del mundo fueran tratados de manera igualitaria.

Aunque no se aplica de manera obligatoria, ha servido de inspiración para las leyes y las constituciones de muchos estados, incluido el nuestro.

Los derechos de los niños se redactaron más tarde, en 1989, y quedaron recogidos en otro documento: la Convención Internacional de los Derechos del Niño.

Desgraciadamente, estos derechos no se cumplen siempre. Hay algunos países en los que los niños son maltratados y explotados realizando trabajos de adultos, pero también en el nuestro encontramos casos de violación de sus derechos fundamentales. No obstante, nuestras leyes procuran que no ocurra esto, y tratan de defender especialmente a los menores de edad.

Ser niño no quiere decir que se esté desprotegido. Estos derechos reconocidos y estas leyes tratan, precisamente, de que nadie haga daño a los niños. Su función es ayudaros, promoviendo que os esforcéis para llegar a ser mejores personas, aunque este objetivo no autoriza ningún tipo de maltrato.

ACTIVIDADES

1 Señala el dibujo que no debería estar junto a los otros relacionados con los derechos de los niños. Explica por qué.

2 Diseña junto con tu compañero un logotipo que represente la Convención Internacional de los Derechos del Niño. Elegid el mejor de la clase.

3 Elige uno de los derechos de los niños y reflexiona sobre si se cumple o no en nuestro país y en el mundo.

4 Debatid en clase sobre el grado de cumplimiento de los derechos de los niños en el mundo.

¡Tenemos derecho a ir al colegio!

Ir al colegio supone mucho trabajo y esfuerzo para los niños, por eso podría parecer raro que sea un derecho, en vez de estar todo el día jugando. Pero piensa qué pasaría si no supieras escribir, leer o contar. Además de que tu vida sería mucho menos interesante, de mayor tendrías mucho más difícil tener un trabajo o viajar.

Además, en España es obligatorio recibir una educación hasta los 16 años. La ley obliga a que los niños vayan al colegio, para que puedan adquirir los conocimientos que les ayudarán en el futuro.

Por ese motivo, dado que el Estado exige adquirir una educación básica, también tiene la obligación de poner los medios para que todo el mundo pueda conseguirla y debe garantizarla para todos los niños y las niñas de nuestro país, tanto si tienen mucho dinero como si tienen poco, o si viven en lugares muy poblados o en otros con pocos habitantes.

Desgraciadamente, en otros países del mundo hay más de 100 millones de niños sin escolarizar, con lo cual no podrán aprender a leer ni elegir un oficio que les guste, y, lo que es aún peor, ¡ni siquiera conocerán cuáles son sus derechos!

ACTIVIDADES

1 Por parejas, buscad en Internet teléfonos de ayuda a los niños en los que se pueda denunciar la violación de alguno de sus derechos.

2 ¿Por qué es bueno acudir al colegio? Haced una lluvia de ideas entre toda la clase e id anotándolas en la pizarra.

3 ¿Estás de acuerdo con que la educación mejorará tu vida de adulto?

4 Lee esta anotación del diario de Ana, una niña de un país pobre. A continuación, reflexiona sobre lo que cuenta y sobre lo que debe sentir:

Hoy, al levantarme esta mañana temprano para ir al colegio como todos los días, mi madre me ha dicho que a partir de la semana que viene ya no podré ir más a la escuela, que tendré que quedarme en casa a cuidar de mis hermanos pequeños, a limpiar y a preparar la comida para todos. Dice que ella se tiene que ir a trabajar a otro país para ganar dinero y poder mantener a toda la familia, y que cuando necesitemos algo, se lo digamos a mi abuela (que vive cerca). Yo le he dicho que no se preocupe, que me encargaría de todo y que ya aprendería más adelante.

Derechos del hombre y derechos del niño

La mayoría de los países reconocieron en la ONU que todos los seres humanos, independientemente del color de su piel, de su religión, de su sexo o de cualquier otra circunstancia, tienen unos derechos.

Esto también incluye a los niños y a las niñas, que debemos ser respetados como los adultos. Tenemos derecho a la libertad y a la igualdad, a una vivienda digna y a la salud…

Pero, además de eso, tenemos otros derechos particulares que se deben a nuestra edad. Precisamente por ser más pequeños y débiles, estamos más indefensos ante ciertos abusos. Esa es la razón por la que se aprobó la Convención de los Derechos del Niño.

¿Cuáles son los que se añaden de manera especial? Aquellos que tienen que ver con la protección y con los abusos.

Los adultos deben proteger a los menores, impidiendo que nos obliguen a hacer cosas que corresponden a los mayores. Los niños hemos de recibir una educación, no trabajar como adultos. Tampoco tienen que poder obligarnos a casarnos ni imponernos castigos como si fuéramos mayores de edad.

ACTIVIDADES

1 Indica cuáles de los siguientes derechos y deberes corresponden a todos los seres humanos, cuáles solo a los adultos y cuáles a los niños:

a) Derecho a la vida.

b) Derecho a jugar.

c) Deber de proteger a los niños contra los abusos.

d) Derecho a la igualdad.

e) Derecho a la educación.

f) Derecho a un trabajo digno.

2 Di una ventaja de ser niño y otra de ser adulto.

3 ¿Tienes ganas de ser adulto o crees que sería mejor vivir en el País de Nunca Jamás, como Peter Pan y sus amigos? Explica tu respuesta.

Repaso de la unidad

Sí, tenemos derechos

Todos los seres humanos tenemos derechos, también los niños: tenemos derecho a la vida, a la libertad o a la igualdad. Pero, además, los niños y a las niñas tenemos unos derechos particulares debidos a nuestra edad. Entre estos destacan los que tratan de protegernos de cualquier tipo de abuso.

Para impedir que los niños y las niñas seamos explotados, la mejor solución es la educación, que evitará que tengamos que trabajar, porque estaremos en la escuela, y nos permitirá adquirir los conocimientos que nos ayudarán a conocer nuestros derechos y a mejorar nuestra situación.

En 1989 se redactaron unos derechos de los niños que en muchos lugares no se respetan. No obstante, debemos aspirar a que eso cambie y en el futuro todos los niños puedan llevar una vida adecuada a su edad. Para ello, también la educación desempeña un papel fundamental.

1 ¿Por qué crees que es necesario que se haya tenido que aprobar una declaración de los derechos de los niños?

2 Señala y explica cuál de estas dos consecuencias es el principal resultado de que no se reconozca el derecho a la identidad de un niño o de una niña:

a) Si no tiene nombre, cada persona le puede llamar como quiera.

b) Si no está inscrito en ningún sitio, la sociedad, al ignorar su existencia, no podrá protegerlo.

3 Como si escribieras un diario, narra un día de tu vida cotidiana en el que se compruebe cómo se respetan los derechos de los niños en tu caso.

4 ¿Por qué decimos que es una suerte ir a la escuela? ¿Para qué sirve asistir a clase?

5 Reflexionad en clase sobre el derecho a la sanidad de todos los niños. ¿Qué ventajas tenemos porque en nuestro país ese derecho esté garantizado?

13 Hacemos lo mismo

¡Vaya organización!

Me llamo Adrián. Mi prima se llama Natalia. Me encanta ir a su casa. Su madre se llama Raquel, y es profesora de matemáticas en la universidad. Su padre se llama Nacho, y trabaja en una agencia de seguros. A los dos les gusta mucho su trabajo. Natalia tiene un hermano más pequeño que se llama Raúl.

Viven en una casa que tiene una terraza enorme, en la que pasan muchas horas jugando, leyendo o celebrando reuniones familiares. Natalia tiene una habitación muy grande. Creo que tiene mucha suerte, pues no todos disponemos de tanto espacio para nosotros solos.

Pero también tienen mucha suerte porque sus padres, además de ser muy cariñosos con ellos, tienen repartidas las tareas del hogar para evitar que nadie se sienta mal o más cansado que los demás.

Cada uno recoge su habitación antes de ir al trabajo o al colegio y dejan ordenado todo aquello que utilizan. Nacho y Raquel terminan su jornada laboral a las cinco, recogen a sus hijos del colegio y van a casa. Su madre lleva a Natalia y a Raúl a clase de baile mientras su padre va a hacer la compra. Cuando mi tío vuelve de hacer la compra, la coloca y empieza a preparar la cena. A las siete sale a correr, le gusta el atletismo y dice que el ejercicio es muy importante para la salud física y mental.

Por su parte, mi tía, cuando vuelve a casa con los niños, les dice que se pongan con los deberes y que le pregunten si tienen alguna duda; entonces, conecta la lavadora y se pone a planchar.

Cuando han finalizado sus tareas, Natalia y Raúl se duchan y se preparan para cenar. Natalia siempre pone la mesa y Raúl la quita. Después de cenar, se cepillan los dientes y se acuestan. A esas horas, Nacho y Raquel ya están agotados y les apetece descansar; sin embargo, mi tía se pregunta: «¿Cuándo hago ejercicio yo? Me gustaría tener tiempo».

Elisa Lucena Llorca.

Trabajo con el texto

- ¿Qué tareas del hogar hace cada miembro de la familia?
- ¿Cómo están repartidas las tareas en tu casa?
- ¿Se te ocurre una solución para el problema de Raquel?

¡Cuánto trabajo!

En una casa hay que realizar muchas tareas cada día para que todo funcione correctamente. Los niños tenemos que ser conscientes de esta multitud de trabajos y colaborar en lo que podamos. A continuación, hacemos una lista de esas obligaciones.

ACTIVIDADES

1 Debatid en clase sobre el reparto de estas tareas en la familia y sobre las que pueden hacer los niños.

Cuidado de los hijos	**Arreglos**
Estar con los hijos y atenderlos. Vestir, desvestir o cambiar pañales a los niños. Asearlos. Comprarles la ropa necesaria. Acompañarlos al colegio o a la guardería. Acudir a las reuniones del colegio. Ayudarlos con los estudios. Jugar, leer y contarles cuentos. Cuidarlos si enferman. Escuchar sus preocupaciones.	Desatascar tuberías. Avisar para reparar electrodomésticos o aparatos electrónicos. Arreglar desperfectos. Cambiar bombillas, pilas… **Comida** Pensar en el menú semanal. Hacer la lista de la compra y comprar. Colocar la compra en su sitio. Hacer desayunos, comidas y cenas. Poner y quitar la mesa.
Mantenimiento de la cocina	**Otras limpiezas**
Limpiar la cocina y la nevera. Tirar la basura al contenedor. Fregar los platos. Poner el lavavajillas y colocar los cacharros.	Limpiar los cristales. Limpiar las puertas. Cuidar las plantas. Limpiar terrazas y patios.
Limpieza de la casa	**Coche**
Barrer y aspirar el suelo. Fregar los suelos. Limpiar las alfombras. Hacer las camas. Ordenar los armarios. Limpiar los baños. Limpiar los muebles. Fregar los azulejos. Lavar las cortinas. Limpiar el polvo.	Echar gasolina. Limpiarlo. Mantener los niveles de líquidos. Llevarlo a revisión. **Otros trabajos** Cuidar de los animales de compañía. Acompañar al médico e ir a la farmacia. Organizar celebraciones y actividades de ocio. Hacer recados. Organizar las facturas y otros papeles.
Mantenimiento de ropa	**Cuidado de personas dependientes**
Poner la lavadora y tender la ropa. Coser desperfectos. Planchar.	Atender a los enfermos. Ayudarlos a asearse, comer y vestirse. Hacer compañía a los mayores.

Cooperamos en las tareas del hogar

Como ves, en un hogar hay muchas tareas que hacer. La mayor parte del tiempo, los niños no se dan cuenta de ello ni tampoco de quién las realiza.

Tu madre y tu padre trabajan mucho en casa para que sea agradable vivir en ella, pero eso no quiere decir que sean tus sirvientes, sino que son los responsables del hogar.

Por tanto, tú tienes que asumir la obligación de hacer algunas tareas, y no solo ordenar tu habitación y asearte, sino también cooperar en la limpieza y el mantenimiento de tu casa. Por ejemplo, debes quitar y poner la mesa, poner el lavavajillas, limpiar el polvo del salón o pasar la aspiradora.

Cuando alguien de tu familia realiza una tarea para beneficiarte, como puede ser lavar tu ropa o plancharla, es importante valorarlo y agradecerlo; de esa forma, reconocemos a esa persona el esfuerzo que ha hecho.

Los problemas surgen cuando algún miembro de la familia no coopera como los demás.

Las tareas del hogar deben estar repartidas equitativamente entre los padres, sin que las mujeres tengan que hacer la mayoría del trabajo, y también los niños deben colaborar en la medida de sus capacidades, que van aumentando, así como sus responsabilidades, a medida que crecen.

ACTIVIDADES

1. Reparte de forma equitativa las tareas del hogar de esta lista entre estos dos hermanos, Rosa y Óscar.

   Colocar los juguetes.
   Colocar los libros.
   Limpiar el polvo.
   Barrer el suelo.
   Ordenar la ropa.
   Colocar el armario.

2. Escribe una lista con las tareas del hogar que tú haces.
3. Elabora otra lista con las tareas del hogar que no haces y que podrías hacer o en las que vas a mejorar.

Hombres y mujeres somos iguales

Actualmente, la igualdad entre hombres y mujeres está plenamente reconocida en nuestra sociedad. Eso implica que las tareas del hogar hay que repartirlas equitativamente entre ambos. Sin embargo, en la práctica es frecuente que sean las mujeres quienes cuidan de los hijos, del hogar y de las personas dependientes.

Hasta hace muy pocos años, el reparto era muy desigual y se ponían dificultades para que las mujeres pudieran acceder a la educación y a muchas profesiones, por lo que no podían ganar dinero y se veían limitadas a realizar las tareas del hogar. Se consideraba que el resto de trabajos eran exclusivos de los varones.

Pero la situación ha cambiado bastante. Cada vez más hombres son conscientes de esa injusticia y cooperan con la mujer en un reparto justo del trabajo en el hogar, aunque todavía algunos crean que son labores propias de mujeres.

También es frecuente todavía que no se valore el trabajo de una mujer de la misma manera que el de un hombre y que se considere que no están capacitadas para realizar determinadas tareas o que las hacen peor que los varones. Esto provoca que a menudo no puedan acceder a determinados puestos de trabajo.

Afortunadamente, la igualdad de derechos no solo se ha reconocido pública y legalmente, sino que es algo hacia lo que hemos conseguido encaminarnos todos juntos.

ACTIVIDADES

1. Pregunta a alguna persona mayor sobre los trabajos de esta lista y separa los que antiguamente se permitían a las mujeres de los se consideraban exclusivos de los hombres:

   Conducir un autobús, cocinar, cuidar de los hijos, pescar, educar a los niños, juzgar a los delincuentes, construir casas, limpiar la casa, cuidar de los enfermos, diseñar puentes.

2. Anota en tu cuaderno los trabajos que realizan tus familiares: por un lado, las mujeres (madre, tías, abuelas), y por otro, los varones (padre, tíos, abuelos).

3. Debatid en clase sobre los resultados de las dos actividades anteriores.

4. Si observáis alguna diferencia entre hombres y mujeres, pensad en qué se podría hacer para lograr un reparto justo.

REPASO DE LA UNIDAD

Repartimos las tareas del hogar con igualdad

En las casas es necesario realizar muchas tareas para que las cosas funcionen bien. Por ello, es necesario que repartamos las responsabilidades con justicia y proporcionalidad entre todos. Solo así evitaremos que alguien trabaje demasiado y termine agotado y de mal humor.

Ni los padres ni las madres, ni tampoco los hermanos o nosotros mismos, somos esclavos de los otros. La actitud adecuada es la de asumir las propias obligaciones, no la de exigir a los demás que hagan nuestro trabajo por nosotros.

Ha sido muy frecuente en el pasado que las mujeres realizaran la mayor parte de las tareas del hogar. Actualmente, se procura repartirlas de una manera más justa y equitativa entre los hombres y las mujeres. Además, los niños también debemos colaborar según nuestras capacidades.

1 ¿Cuáles son las tareas del hogar que más te gusta hacer? ¿Y las que menos?

2 ¿Cómo te parecería mejor repartir las tareas del hogar? Justifica tu respuesta:

a) Echándolo a suertes.

b) Que cada uno haga lo que quiera.

c) Que cada uno haga lo que sepa hacer.

d) Que se repartan las tareas en una decisión conjunta.

3 Lee la siguiente historia y di qué te parece la actitud de los amigos de Daniel. ¿Cómo debería contestarles Daniel? Hablad en clase sobre la situación:

Daniel es un chico de diez años al que le encanta jugar al baloncesto. Un día, al salir de clase, se encontró con unos amigos:

—Ven a jugar con nosotros un partido, Dani.

—No puedo, tengo que ir a limpiar mi habitación.

—Ja, ja, ja… ¡mira que eres «pringao»! —se burlaron sus compañeros—. Eso no es cosa de chicos.

14 Ayudo a los demás

La Compañía de la Fantasía

Ahora, la Compañía estaba al completo. Aquella noche, frente a la Gran Asamblea del Reino de la Fantasía, se celebró una ceremonia: todos nos pusimos la mano derecha en el corazón y pronunciamos un solemne juramento.

«Juramos que:

¡Nos ayudaremos los unos a los otros!

¡Socorreremos a los pobres, a los débiles y a los indefensos!

¡Defenderemos la belleza, la bondad, la verdad y la justicia!

¡Salvaremos a Floridiana de la Flor, la Reina de las Hadas!».

Después, el Rey de los Gnomos nos enseñó el saludo de la Compañía, que consiste en decir:

«¡Mi corazón es puro, mis labios dicen la verdad, mi espíritu te respeta!».

Jerónimo Stilton, *Tercer viaje al Reino de la Fantasía*, Editorial Destino.

Trabajo con el texto

- ¿Qué te parece el juramento de la compañía? ¿Tú lo pronunciarías?
- ¿Conoces otros personajes de cuento que se ayuden entre sí? ¿Cuáles?
- ¿Y en la realidad? ¿Conoces gente que colabore con otros?

El arte de cultivar

Un humilde agricultor participaba todos los años en la principal feria de agricultura de su pueblo. Lo más extraordinario es que, año tras año, siempre ganaba el concurso que premiaba el mejor maíz de la temporada. [...]

En una de esas ocasiones, un reportero de televisión entrevistó al agricultor después de la tradicional imposición de la faja de campeón. Estaba muy intrigado por algo que había escuchado acerca de sus costumbres: el agricultor solía compartir las semillas de su plantación con sus vecinos; es más, acostumbraba a regalar las mejores. De manera que preguntó:

—¿Cómo es que usted comparte sus mejores semillas con sus vecinos, sabiendo que ellos están compitiendo directamente con usted?

El agricultor respondió:

—¿No lo entiende? ¡Es muy sencillo! El viento recoge el polen del maíz maduro y lo lleva de campo en campo. Si mis vecinos cultivaran maíz inferior al mío, la polinización degradaría continuamente la calidad de mi maíz. Si yo quiero cultivar maíz bueno, tengo que ayudar a los demás a cultivar el mejor maíz posible, cediéndoles mis mejores semillas.

James F. Bender, *How to talk well*, Editorial McGraw-Hill. (Adaptación).

Trabajo con el texto

- ¿Qué te parece la actitud del agricultor?
- Elige dos adjetivos para definir su forma de actuar.
- ¿Piensas que con esa actitud se siente feliz?

¿Eres generoso?

La generosidad consiste en compartir con los demás aquello que poseemos, ya sean cosas materiales (dinero, comida, juguetes…) o no materiales (nuestras capacidades, nuestros conocimientos, nuestro esfuerzo, nuestro tiempo…).

Entre los niños, se reconoce a quien es generoso por las siguientes características:

1) Es empático; es decir, entiende las necesidades o los deseos de los demás.
2) Es altruista, pues no espera nada a cambio de lo que da.
3) Es amable y atento.
4) Siente más cariño por las personas que por los objetos.

Sabemos que en el mundo las cosas no están repartidas por igual: unos tienen más que otros. La generosidad nos ayuda a compensar esas desigualdades, cuando pensamos que son inaceptables, y nos hace más felices a todos.

Las personas generosas valoran a los demás y se quieren más a sí mismas que los egoístas. La generosidad supone capacidad de entrega personal y desinteresada a los demás.

ACTIVIDADES

1 ¿Conoces a alguna persona generosa? ¿En qué se nota que lo es?

2 Lee la siguiente historia y piensa si una caminata puede ser un regalo. Explica por qué:

3 Descubre la frase oculta. Para ello, encaja en tu cuaderno las vocales en su lugar: a (2), e (9), i (1), o (8), u (3).

S9r g9n9r8s8 n8 9s d2r l8 q39 n8 q3 1 9r9s y l8 q39 t9 s8br2.

Una niña en África le dio a su maestra un regalo de cumpleaños. Se trataba de un hermoso caracol.

—¿Dónde lo encontraste? —le preguntó la maestra.

La niña le dijo que esos caracoles se encontraban solamente en cierta playa lejana.

La maestra se conmovió profundamente, porque sabía que la niña había caminado muchos kilómetros para buscar el caracol.

—No debiste haber ido tan lejos solo para buscarme un regalo.

La sabia niña sonrió y le contestó:

—Maestra, la larga caminata es también parte del regalo.

Jaume Soler y M. Mercè Conangla: *Aplícate el cuento. Relatos de ecología emocional*, Editorial Amat.

La solidaridad

La solidaridad es un valor humano mediante el cual las personas deciden actuar para ayudar a quienes lo necesitan, colaborando y dando lo mejor de sí mismas.

Cuando ayudamos a otra persona a superar sus dificultades o a cubrir sus necesidades, estamos siendo solidarios.

Para ser solidarios, debemos empezar con los que nos rodean. En el colegio, por ejemplo, ayudando a los que tienen dificultades para aprender; en casa, cooperando en todas las tareas, y en nuestra comunidad, colaborando en proyectos de ayuda a otras familias con alguna necesidad.

Un ejemplo de solidaridad son los voluntarios que pertenecen a una ONG, como los bancos de alimentos, Unicef, Médicos Sin Fronteras…

La diferencia fundamental entre la generosidad y la solidaridad se encuentra en que la solidaridad tiene un componente social más marcado, promoviendo intereses que pueden afectar a un grupo completo de personas; por eso, la actitud solidaria busca aunar los esfuerzos de un colectivo para defender unos derechos.

ACTIVIDADES

1 ¿Crees que eres una persona solidaria? Explica por qué.

2 Reflexionad en grupo sobre si los donantes de sangre son personas solidarias.

3 Investiga sobre alguna campaña solidaria que se esté realizando en estos momentos.

4 En grupos de cuatro, diseñad una campaña solidaria, como la recogida de alimentos o de juguetes.

La gratitud

Cuando das las gracias a tus padres, por haberte preparado la comida, o a tu profesor, por haberte enseñado algo nuevo e interesante, o a un amigo, por haberte ayudado en un problema, estás siendo agradecido.

La gratitud es una emoción positiva que sentimos al darnos cuenta de todo lo que tenemos y de lo que hacen por nosotros. Muchas veces no reflexionamos sobre ello. Por ejemplo, creemos que es normal ir al colegio o comer todos los días y, sin embargo, no todos los niños tienen esa suerte.

La gratitud nos aporta felicidad y tranquilidad. Por eso es considerada una virtud en numerosas culturas.

Ser agradecidos es lo contrario de quejarse porque no tenemos algo. Los niños agradecidos mantienen relaciones más positivas con los demás. Esta actitud también contribuye a combatir las emociones negativas, como la envidia o la rabia.

Se puede expresar gratitud por pequeñas cosas, como cuando das las gracias porque te han prestado algo, o por otras más importantes, como cuando reconoces el esfuerzo de tus padres por hacerte la vida más fácil o agradable.

ACTIVIDADES

1 Haz una lista de agradecimientos a tus familiares y a tus amigos y amigas.

2 Escribe una nota de agradecimiento a una persona que haya hecho algo por ti.

3 Explica el significado de estas expresiones: «Amor con amor se paga», «De bien nacido es ser agradecido».

Repaso de la unidad

Así me siento bien

La generosidad es una de las cualidades que más contribuyen a mejorar la convivencia y, con ella, nuestras vidas. Poner a disposición de los demás aquello que podemos provoca una respuesta positiva de las personas que nos rodean.

Cuando la generosidad tiene un aspecto más colectivo y social, hablamos de «solidaridad». Es una actitud de compromiso activo a favor de alguna persona o de algún grupo de personas desfavorecidos.

Existen muchas organizaciones no gubernamentales (ONG) que tienen fines solidarios y que tratan de conseguir que los derechos humanos se cumplan en todo el mundo.

Ser agradecidos ayuda a los demás y también a nosotros mismos, facilitando las relaciones entre las personas y haciendo que nos sintamos mejor.

1 Explica con tus palabras en qué consiste ser generoso.

2 Completa estas dos oraciones sobre la solidaridad:

a) Como soy solidario, (…).

b) (…), porque soy solidario.

3 Piensa en una razón por la cual debes estar agradecido a tus padres, a algún amigo o amiga y a un profesor o profesora.

4 Lee esta historia y piensa en la actitud de ambas amigas. ¿Crees que todos podemos hacer algo para ayudar a los demás? Debatid en clase sobre cómo conseguirlo.

Laura estaba viendo las noticias junto con una amiga cuando hablaron de la pobreza de los niños en determinados lugares de la tierra. Laura se quedó muy impresionada y pensando en cómo podría ayudar. Sin embargo, su amiga le dijo que ese no era problema de ellas.

Al día siguiente, en el colegio, Laura prefirió quedarse en el recreo pensando en organizar una recogida de alimentos en el colegio en vez de ir a jugar. Su amiga, por el contrario, pensó que era una tontería y se marchó al patio.

Repaso trimestral

Ser y parecer

Un hombre que pasaba por delante de una tienda vio que vendían allí dos loros, encerrados en la misma jaula.

Uno era muy bonito y cantaba estupendamente, mientras que el otro estaba en un estado lastimoso y permanecía mudo. El primero valía cincuenta *wens*, y el segundo, tres mil.

El hombre, asombrado por la diferencia de precio, le dijo al comerciante:

—¡Deme el loro de cincuenta *wens*!

—Imposible, señor —respondió el vendedor—. No puedo vender los dos pájaros por separado.

—¿Pero… por qué? ¿Cómo explica usted semejante diferencia de precio? Pues el más feo cuesta infinitamente más que el más bonito. Y además no canta. Eso es absurdo.

—¡Ah, no se equivoque usted, señor! El loro que encuentra usted feo es el compositor.

Alejandro Jodorowsky, *La sabiduría de los cuentos*, Editorial Obelisco. (Adaptación).

ACTIVIDADES

1 Debatid en clase sobre si a veces valoramos las apariencias más que otras cualidades muy valiosas.

2 Y cuando se trata de las personas, ¿qué es lo que más valoráis?

3 ¿Crees que el cuento *La bella y la bestia* tiene relación con este?

4 Escribe una moraleja para el cuento de los loros que hable de lo engañosas que pueden ser las apariencias.

Recordamos lo que hemos aprendido

1 ¿Qué ventajas tiene una persona que habla con una gran fluidez?

2 ¿Qué debemos tener en cuenta para responder adecuadamente a una pregunta?

3 ¿Para qué sirve el parafraseo?

4 ¿Cómo podemos organizar un buen debate?

5 ¿Cómo es una persona tolerante? ¿Y una persona intolerante?

6 Explica cómo debemos comportarnos con las personas que son muy diferentes de nosotros.

7 ¿Qué es la empatía?

8 De estas palabras elige las que te parezcan positivas para lograr un mundo más justo: «sexismo», «respeto», «racismo», «escucha», «comprensión», «xenofobia», «aprecio», «empatía».

9 Nombra al menos cinco derechos universales del niño. Pon algún ejemplo de un caso en el que no se respete alguno de ellos.

10 ¿Cómo podemos colaborar en casa para que no haya desigualdad entre hombres y mujeres?

REPASO TRIMESTRAL

Las campañas solidarias

Las campañas solidarias son acciones que lleva a cabo una persona o una organización con el fin de ayudar a otras que están en situaciones difíciles.

Muchas personas solidarias realizan un trabajo individual a través de fundaciones para ayudar a aquellos que lo necesitan, por ejemplo, promoviendo la educación de niños y niñas que se encuentran en situación de vulnerabilidad. Para ello, llevan a cabo proyectos de construcción de colegios o de nutrición, entre otros.

Además, las organizaciones no gubernamentales (ONG) también diseñan proyectos de ayuda a los demás, ocupándose de diferentes sectores: la educación, la salud, la protección…

Además, en ocasiones se realizan campañas puntuales para reducir las consecuencias de una catástrofe imprevista: un huracán, un terremoto, una guerra…, con el fin de recaudar dinero u otros recursos a través de donaciones de personas solidarias.

ACTIVIDADES

1 ¿Recuerdas o has participado en alguna campaña solidaria reciente? ¿Cuál?

2 Dividíos en grupos, buscad alguna campaña solidaria y explicad cuál es su finalidad.

3 Buscad también el nombre de personas solidarias e investigad en qué consiste su aportación.

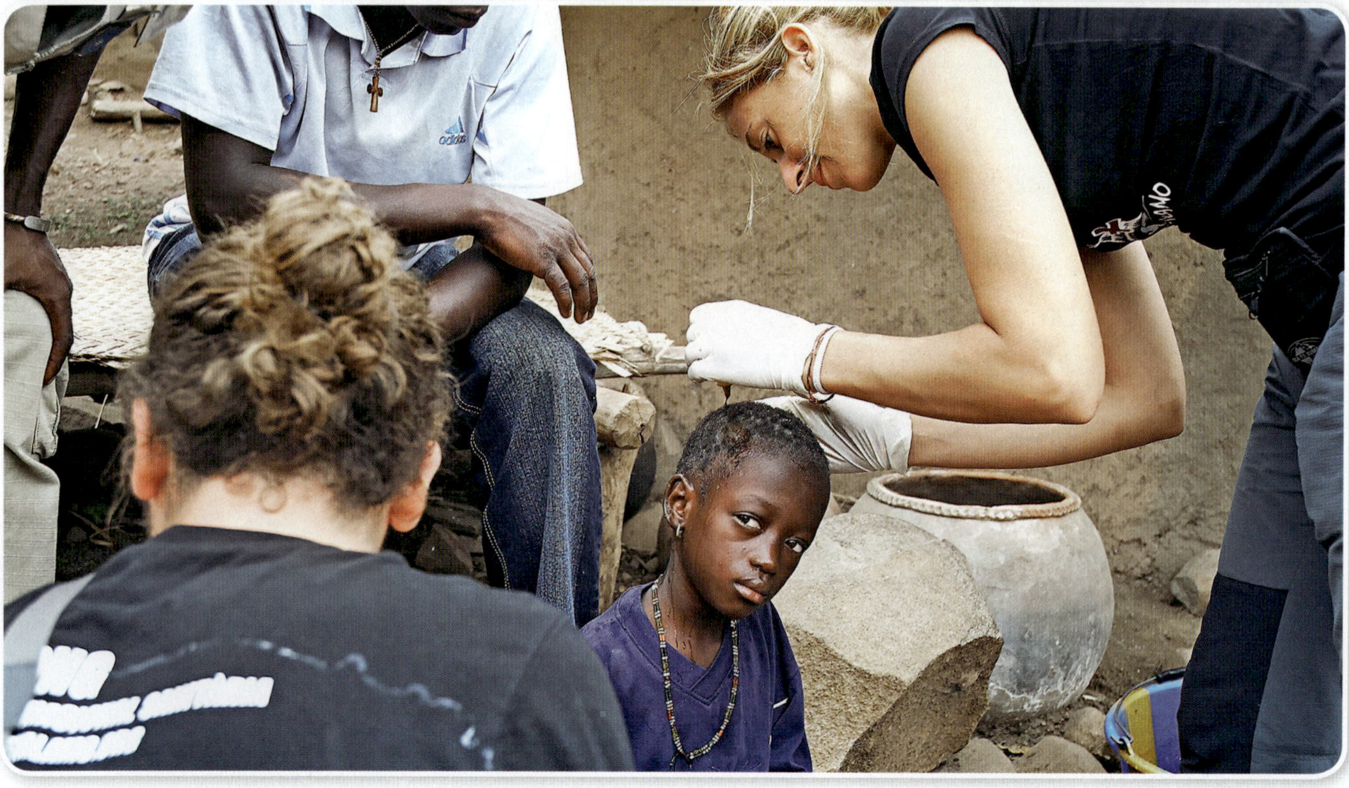

¡A jugar!

1 Por equipos, jugad a «Locas respuestas» y reflexionad después sobre la necesidad de escuchar con atención las preguntas y elaborar las respuestas adecuadas. El juego consiste en lo siguiente:

a) Sentados en círculo, por turnos, cada uno de los jugadores le hará, bajito y al oído, una pregunta fácil a su compañero de la derecha; este dará una respuesta adecuada.

b) Cuando todos hayan hecho sus preguntas y escuchado las respuestas, el jugador o la jugadora que comenzó el turno explicará al grupo lo que le preguntó el compañero o la compañera de la izquierda, pero dirá la respuesta que dio el compañero o la compañera de su derecha.

2 Dibuja la silueta de tu mano en un folio. A continuación, pide a dos compañeros que marquen sobre la tuya la silueta de sus manos. Tendrá que ser la misma mano (la derecha o la izquierda). Después, observad juntos si hay grandes diferencias.

a) ¿Importa el color de la piel para que las siluetas sean parecidas?

b) ¿Importan vuestras costumbres para ver que vuestras manos se semejantes?

c) Reflexionad sobre lo que realmente es importante en las personas.

TAREA TRIMESTRAL

Kailash Satyarthi: quién es el activista indio ganador del Premio Nobel de la Paz 2014

[…] Esto es lo que necesitas saber sobre este activista indio, referencia mundial en la lucha contra la esclavitud infantil, para comprender por qué se merecía ganar este premio:

1. **Es ingeniero eléctrico de profesión.** Nació el 11 de enero de 1954 en la India. […]
2. **Abrió los ojos con seis años, el primer día de colegio.** Se dio cuenta de que había un niño de su edad en las escaleras del colegio con su padre. Estaba limpiando y reparando zapatos, y no entró en la escuela. Satyarthi lo siguió viendo todos los días. Esta era una escena habitual en su ciudad, pero un día decidió preguntarle al zapatero por qué su hijo no iba al colegio: «Mi padre era zapatero, igual que mi abuelo. Nacimos para trabajar, y mi hijo también». Al niño no le convenció esa respuesta, ni la de sus padres, su profesor o el director de la escuela. […]
5. **Durante décadas, lucha contra la esclavitud infantil, el trabajo forzado y la trata de niños.** Muchos niños acaban siendo propiedad de industrias, como las del diamante, las canteras y la manufactura, especialmente de alfombras, porque sus familias, desesperadas, los ceden por cantidades como 35 dólares. Con frecuencia, los padres no consiguen devolver el dinero y los niños son vendidos y revendidos a diferentes amos.
6. **Consigue que su causa se haga mundial, con la Marcha Global contra el Trabajo Infantil.** Este potente movimiento social, uno de los mayores del mundo, comenzó en 1989. Más de 10 000 asociaciones, ONG y sindicatos de 140 países marcharon en 1998 para presionar a Gobiernos, empresarios e importadores para acabar con estas prácticas laborales ilegales e inmorales. […]
8. **Además de sacarlos de las fábricas, educa a los niños.** En Rajasthan creó un centro de transición donde se enseñan conocimientos básicos a los niños recién liberados. También está detrás de la fundación de la Campaña Global por la Educación, y de que la educación se incluyera como un derecho constitucional en la India.

9. **Quiere cambiar la India pueblo a pueblo.** Otro de sus proyectos va a dirigido a que las aldeas del país se comprometan a abolir el trabajo infantil y garanticen la educación de los niños.
10. **Intenta desde 1994 que tú, consumidor occidental, ayudes a parar la esclavitud.** RugMark es una iniciativa suya —la primera que aunó a la sociedad civil y a la industria— para etiquetar alfombras y balones de fútbol como libres de mano de obra infantil, cuando lo son, para que los consumidores sean conscientes de su origen. [...]

Quédate con esta frase suya: «Si no es ahora, ¿entonces cuándo? Si no eres tú, ¿entonces quién? Si pudiésemos contestar a estas preguntas fundamentales, entonces quizás podríamos barrer la mancha de la esclavitud humana».

El Huffington Post, 10/10/2014. (Adaptación).

Trabajo con el texto

1 ¿Qué te parece la labor de Satyarthi? ¿Se merece el premio? ¿Por qué?

2 ¿Qué derechos humanos defiende para los niños de su país?

3 ¿Crees que su tarea es fácil? Razona tu respuesta.

4 Escribe dos preguntas que le harías si tuvieses la ocasión de conocerlo.

15 Respeto las normas

Faetón y el carro solar

Febo, el dios del Sol, cada mañana partía de su palacio con su carro de oro arrastrando la estrella que ilumina el día. Esto ocurre a tanta altura que no llegamos a contemplar más que la luz de la bola ardiente, pero no los cuatro caballos alados ni el carro que la guían.

Al finalizar la tarde, Febo se hunde en el Océano y todos descansan. Después, atraviesa un camino subterráneo y vuelve a comenzar su viaje a la mañana siguiente.

Pero una noche se presentó ante Febo su hijo Faetón. Faetón quería permiso de su padre para que le dejara llevar el carro. Febo le contestó que eso era imposible, que era una tarea muy difícil. Sin embargo, Faetón insistió y le dijo que si le quería debía permitirle hacerlo, aunque solo fuera un viaje. Febo se negó, pero Faetón protestó y le dijo que no confiaba en él.

Febo le explicó que la fuerza de los caballos es tan grande que incluso él tenía dificultades para controlarlos. Pero por más que trató de explicarle que no podemos hacer todo lo que queremos, que tenemos que asumir unas reglas y unas limitaciones, Faetón insistió. Finalmente, Febo aceptó.

Entonces, Febo puso a su hijo su corona de fuego y Faetón partió guiando el carro. Al principio, las cosas iban bien. El ascenso ralentizaba el galopar de los caballos. Pero cuando comenzó la tarde y empezó la cuesta abajo, los animales comenzaron a acelerar su marcha cada vez más.

Faetón se asustó al ver las pinzas de la constelación de Escorpio y soltó por un momento las riendas. Entonces perdió el control de los caballos, que dejaron de obedecerle. Primero le hicieron ascender hacia las estrellas y luego caer hacia la Tierra. Muchos animales y muchas personas murieron. Incluso el carro empezó a arder.

La misma Gea, la diosa de la Tierra, pidió protección a Júpiter, quien se vio obligado a lanzar un rayo sobre el desdichado Faetón.

Finalmente, el carro se estrelló contra el suelo, los caballos huyeron a Oriente y el resto del día, el mundo quedó a oscuras.

Ovidio, *Metamorfosis,* Editorial Anaya. (Adaptación).

Trabajo con el texto

- ¿Qué te parece la actitud de Faetón?
- ¿Crees que las normas son útiles y nos protegen?

¿Qué es la convivencia?

La convivencia consiste en vivir con otras personas. Pero cuando decimos que la convivencia es un valor, nos referimos a que vivimos en armonía, a que compartimos con los demás los espacios y las actividades de manera cordial y amistosa.

La base de una buena convivencia es el respeto y el entendimiento.

Ahora bien, el respeto no es lo mismo para todos. Unos piensan que consiste en dejar a los demás que hagan lo que quieran, mientras que otros opinan que simplemente es ser amable. En realidad, el respeto es el reconocimiento de que todos tenemos los mismos derechos.

El entendimiento, por su parte, consiste en saber escuchar las ideas o las preocupaciones de los otros, valorándolas para llegar a acuerdos.

A veces nos gustaría estar solos para sentirnos libres. Estar solos nos puede ayudar a conocernos a nosotros mismos, pero estar con otros es necesario para entendernos y cooperar con el objetivo de conseguir el bien común.

ACTIVIDADES

1 ¿Qué crees que te pasaría si vivieras solo? ¿Es posible vivir completamente solo?

2 ¿Tú siempre sabes lo que es mejor para ti o a veces necesitas ayuda para descubrirlo?

3 ¿Tú eliges a tus amigos o los amigos te escogen a ti? Hablad en clase sobre cómo conocemos a otras personas.

¿Son necesarias las normas?

En el colegio, en casa, en nuestro país..., hay normas que debemos cumplir. Cuando las obedecemos, podemos sentir que no somos libres: tenemos que hacer lo que nos dicen los profesores y las profesoras o nuestros padres, que no siempre es lo que nosotros queremos hacer. Por ejemplo, cuando estamos jugando y nos dicen que tenemos que hacer los deberes.

Sin embargo, sin las normas, los seres humanos no podríamos vivir juntos y, probablemente, seríamos gobernados por el más fuerte, así que nos sentiríamos incluso menos libres.

Para poder convivir, es necesario aportar nuestras ideas y escuchar las de los demás. A partir de ahí, surge la necesidad de poner unas normas que regulen los intereses de todos y nos hagan la vida más agradable.

Si nos damos cuenta de que nosotros vemos solo una pequeña parte de las cosas y los demás ven otras, llegaremos a entender que entre todos construimos una sociedad más completa y enriquecedora.

ACTIVIDADES

1. Explica por qué son necesarias las normas de convivencia con un ejemplo de tu vida cotidiana.
2. Imagina que vives solo en una isla desierta. ¿Necesitarías normas para vivir? ¿Y si, de repente, llegan cien náufragos? Debatid en clase sobre esta situación.
3. Averigua qué significa la expresión «la ley de la selva» y explica si bajo ella es posible la convivencia.

Los valores cívicos

Los valores cívicos son los principios que se consideran importantes y buenos para lograr una convivencia pacífica en sociedad. Por eso, los ciudadanos deben conocerlos y respetarlos.

Cada sociedad tiene sus propios valores, que son transmitidos de generación en generación por medio de la educación. Gracias a ellos, los individuos pueden distinguir lo correcto de lo incorrecto.

Existen valores personales, como la responsabilidad, la autonomía, el esfuerzo…, y otros que están relacionados con las demás personas, como la solidaridad, la tolerancia, la cooperación…

Por otro lado, muchos valores están reconocidos en las normas, y su cumplimiento es obligatorio. Todos ellos contribuyen a que haya una convivencia armónica en beneficio del bien común.

Sin los valores, se puede generar un desorden social que nos lleve a buscar solo nuestra supervivencia, sin preocuparnos por los demás.

En muchos casos, si una persona no aplica los valores, no es sancionada. Por ejemplo, no te ponen una multa por no ayudar a tu compañero cuando lo necesita. Ahora bien, la persona que actúa en contra de los valores cívicos suele ser mal vista por los demás o rechazada por el grupo.

ACTIVIDADES

1 Separa en dos columnas los valores personales y los valores colectivos de la siguiente lista:

Gratitud, constancia, madurez, empatía, sencillez, justicia, compañerismo, disciplina, honradez, autenticidad.

2 Elige un valor cívico y represéntalo ante tus compañeros y compañeras hasta que acierten de cuál se trata.

3 Debatid en clase sobre si respetaríamos los valores cívicos si muchos de ellos no estuvieran reconocidos en las leyes de los países y su cumplimiento no fuera obligatorio.

Repaso de la unidad

Juntos, pero no revueltos

La convivencia es un arte. No consiste simplemente en vivir en un lugar junto a otras personas, sino que se trata de buscar el bien común. Para alcanzarlo, son fundamentales actitudes como el respeto a los demás cuando opinan de una manera diferente de nosotros y la comprensión de sus emociones.

Como hay circunstancias en las que no es evidente qué se debe hacer o a quién deberíamos obedecer, la vida social humana suele organizarse mediante normas.

No todas las normas son siempre evidentes o nos favorecen por igual, pero respetarlas permite evitar los conflictos, sabiendo que salvaguardan nuestros derechos, aunque también nos imponen obligaciones.

Esas normas recogen ideas y aspiraciones comunes que se consideran valiosas: apreciamos la sinceridad, la generosidad, el esfuerzo, la simpatía…

Si se desprecian los valores, todos resultaremos perjudicados y viviremos peor.

1 ¿Te gusta convivir con los demás o preferirías vivir solo? Explica la opción que hayas elegido.

2 ¿Qué ventajas y qué inconvenientes tiene vivir con otras personas?

3 ¿Qué normas de tu hogar te resultan más agradables y cuáles más difíciles de cumplir? ¿Sería posible modificar alguna de ellas? ¿Cómo?

4 Debatid en clase sobre los valores cívicos que son necesarios para la buena convivencia escolar y haced una lista con los más importantes.

5 A continuación, suponed que durante una semana en el colegio no se tuviese que respetar ningún valor cívico. ¿Qué pasaría? ¿Sería una experiencia positiva o negativa, tanto para los alumnos y las alumnas como para los profesores y las profesoras?

16 Colaboro con los demás

Los viajeros y el hacha

Sucedió que dos hombres viajaban juntos y uno de ellos encontró un hacha. El otro, entonces, le dijo:

—Hemos encontrado un hacha.

Sin embargo, el otro le advirtió que no dijera «hemos encontrado», sino «has encontrado». Pero poco después les salieron al encuentro los que habían perdido el hacha, y el que la tenía, al verse acorralado, dijo a su compañero:

—Estamos perdidos.

Y este le contestó:

—No digas «estamos perdidos», sino «estoy perdido», pues, cuando encontraste el hacha, no la compartiste conmigo.

La fábula enseña que los que no comparten su buena fortuna tampoco serán tus amigos en la desgracia.

Esopo, *Fábulas*, Editorial Anaya.

Trabajo con el texto

- ¿Qué te parece la actitud del viajero que encontró el hacha? ¿Por qué?
- ¿Y la respuesta de su compañero de viaje?
- ¿Alguna vez te ha pasado algo parecido? Cuéntalo.

La historia de dos saltamontes

Una vez se pelearon dos saltamontes. Uno de ellos dijo: «¡Soy el mejor saltador! ¡Puedo saltar más alto que tú!». Y saltó hasta lo más alto de un árbol muy grande.

«¡No, soy yo el mejor saltador!», dijo el otro. Y de un salto cruzó todo el prado.

El saltamontes del árbol gritó: «¡Mira, mira qué lejos puedo llegar!». Y el saltamontes del prado gritó: «¡Mira, mira qué lejos puedo llegar yo!».

Pero ninguno de los dos veía ni escuchaba al otro. Uno estaba demasiado alto, y el otro, demasiado lejos. Pasaron el día entero dando gritos, y eso era muy aburrido.

Por la noche uno se bajó del árbol y el otro volvió a atravesar el prado de un salto. Uno dijo: «Tú eres el mejor saltalejos». Y el otro dijo: «Tú eres el mejor saltaalto».

Y volvieron a ser amigos.

U. Wolfel, *27 historias para tomar la sopa*, Editorial Kalandraka.

Trabajo con el texto

- ¿Por qué se pelearon los saltamontes?
- ¿Tenía sentido su discusión? ¿Por qué?
- ¿Cómo arreglaron su disputa?

¿Prefieres estar solo o tener amigos?

Esta pregunta parece muy fácil de responder, pero no lo es tanto. Estar solo tiene muchas ventajas: siempre decides tú lo que quieres hacer y a qué vas a jugar, nadie te coge tus cosas, siempre estás tranquilo…

Pero estar solo nos priva también de un montón de beneficios: no aprendes de los otros, no compartes ni comparten nada contigo, no ayudas ni te ayudan, no participas en las alegrías y en las tristezas de los demás…

Lo ideal es combinar momentos de soledad y de tranquilidad, que todos necesitamos, con otros de relación y de amistad.

Aunque a veces queramos que nos dejen tranquilos, necesitamos que nos comprendan, que nos animen y que nos apoyen.

Cuando estamos solos, podemos hacer lo que nos apetece y no tenemos que dar explicaciones a nadie, pero también es muy aburrido y nos perdemos muchas de las experiencias más agradables e importantes de la vida, que se comparten con los amigos: ganar un partido de fútbol, ir juntos de excursión, pasar con ellos el fin de semana…

ACTIVIDADES

1 Piensa en cosas que hayas hecho con tus amigos y amigas y anótalas en tu cuaderno junto con lo que sentiste en ese momento.

2 ¿Qué cosas haces normalmente cuando estás solo? ¿Te parecen divertidas?

3 ¿Alguna vez te has sentido solo aunque estuvieras rodeado de niños y de niñas? Si es así, explica la situación. Si no, imagina un caso en el que te pudiera ocurrir.

Los amigos

La amistad es un vínculo muy estrecho y positivo entre dos o más personas. No toda la gente que conocemos son nuestros amigos, ni tampoco lo son todos nuestros compañeros.

Los amigos se van haciendo poco a poco. La relación con ellos es muy cercana y suele durar mucho tiempo.

Para encontrar buenos amigos, debemos pensar en personas con las que nos agrade estar y que a ellas les guste estar con nosotros, que sean amables y nobles; es decir, que no pretendan aprovecharse de nosotros. Pero el sentimiento de amistad debe ser mutuo, así que tampoco nosotros buscaremos aprovecharnos de ellos.

Entre los buenos amigos existe confianza y conocen sus sentimientos, sus gustos y sus intereses. Son leales, por lo que están siempre junto a nosotros, tanto en los buenos como en los malos momentos.

Los amigos de verdad no se abandonan cuando conocen a otros, se suman. Aunque a los amigos no siempre tienen que gustarles las mismas cosas: pueden tener gustos distintos.

ACTIVIDADES

1 Piensa en tus mejores amigos y amigas, y explica cómo los has conocido.

2 Pensando también en tus mejores amigos y amigas, anota lo que más te gusta de ellos y por lo que son tus amigos.

3 Por equipos, anotad cuáles son las diez cualidades o comportamientos que hay que cumplir para ser un buen amigo. Seleccionad una lista común en clase.

La cooperación

La cooperación consiste en la realización de un trabajo entre varias personas con un objetivo y una estrategia comunes. Por lo tanto, trabajar por separado y luego sumar el trabajo de todos no es cooperación.

El trabajo cooperativo nunca es competitivo, pues no se pretende que alguien destaque sobre los demás, sino avanzar todos juntos.

Para cooperar no es necesario ser amigos; lo que sí es necesario es respetar y valorar al grupo.

En la mayoría de las ocasiones, se obtienen mucho mejores resultados cuando varias personas trabajan con el mismo objetivo.

Los grandes avances científicos, por ejemplo, frecuentemente se han conseguido gracias a la cooperación de un grupo de personas.

También muchas ONG trabajan cooperando para ayudar a quienes más lo necesitan; de esa manera consiguen beneficiar a más personas.

Pero la cooperación también nos aporta grandes ventajas individuales: nos sentimos satisfechos con nuestra aportación, compartimos nuestro entusiasmo, aprendemos de otros y encontramos reconocimiento a nuestro trabajo.

ACTIVIDADES

1 Piensa en alguna actividad que realizas con tus compañeros o con tus amigos. ¿Cuál es vuestro objetivo común? ¿Qué cosas hacéis para lograrlo?

2 Cuando participas en una competición, ¿cuál es tú objetivo? ¿Cooperas o compites con los demás participantes?

3 Selecciona de la siguiente lista los valores y las actitudes que favorecen la cooperación:

Competencia, respeto, empatía, egoísmo, solidaridad, tolerancia, miedo, envidia, pasividad, comprensión, agresividad, confianza.

Repaso de la unidad

Me siento bien cuando ayudo

A veces preferimos estar solos para reflexionar, para tranquilizarnos o para disfrutar de actividades que nos gustan mucho. No obstante, como las personas somos seres sociales, necesitamos de los demás para vivir y desarrollarnos.

Algunas de las mayores alegrías de la vida nos las proporcionan los amigos. Nuestra relación con ellos es muy beneficiosa; por ello, es importante escogerlos bien.

La confianza y la lealtad son algunos de los valores esenciales relacionados con la amistad, pero eso no significa que tengamos que hacer siempre lo mismo que nuestros amigos.

La cooperación permite a los seres humanos conseguir objetivos que no podrían alcanzar solos. Nadie puede fabricar él solo un coche o un cohete; lo logramos colaborando armoniosamente como personas.

1 Piensa en si te gustaría que todos tus amigos y amigas fueran iguales a ti. Debatid en clase si la amistad consiste en que a los amigos les gusten siempre las mismas cosas.

2 ¿En qué tipo de personas confías? Puedes poner algún ejemplo.

3 ¿Sabes qué significa la expresión «cultivar una amistad»? ¿Qué hay que hacer para que una amistad crezca grande y fuerte?

4 Piensa en dos actividades de las que realizas habitualmente y que no podrías hacer sin la cooperación de los demás.

17 Nos ponemos de acuerdo

El respeto y las «jaurías»

El vestíbulo, pintado de colores vivos y sucios, está abarrotado de alumnos, una multitud vociferante en la que no conozco a casi nadie.

Los mayores no hablan, se ríen muy fuerte y gritan como si el resto del mundo estuviera sordo.

La mayoría no son malos chicos, pero no saben expresarse de otra manera. [...] Los pequeños no andan, corren, balancean la cartera, se pelean, juegan.

En el colegio estaba prohibido. A veces lo hacían, y yo también, pero ahí estaba Nadine o Jean-Marie. Se enfrentaban a nosotros, nos regañaban, nos metían un poco de miedo, tenían autoridad, y nosotros obedecíamos.

En el vestíbulo del instituto, hay dos adultos y cientos de alumnos. Así los adultos no pueden hacer nada. A pesar de todo, lo intentan, se ponen nerviosos, un poco, un mucho y, al final, como sigue habiendo un ruido ensordecedor, […] la mayoría de las veces no hacen nada y lo dejan estar.

A las pandillas de los mayores yo las llamo jaurías. Unas jaurías son más peligrosas que otras. […] Llevan cazadoras, el pelo rapado y tienen los ojos muy brillantes. […] Todo el mundo los respeta. Menos Antoine y yo.

El respeto surge cuando creemos que lo que dice una persona, lo que hace, es bueno y justo. Yo respeto a mi padre, a mi madre y a Nadine, mi profesora, por ejemplo, pero a los chicos de las jaurías no los respeto. No son buenos ni justos. Te miran fijamente y sabes que están dispuestos a pegarte si los miras a los ojos. Yo hago lo posible por evitarlos.

Para hacerme oír, incluso para saludar a mi amigo Antoine, me veo obligado, yo también, a gritar, porque si no Antoine no oye nada. Siempre está en el mismo sitio, apoyado en una de las columnas del vestíbulo, y da la impresión de estar pensando en otra cosa, abstraído en su mundo. Cuando grito su nombre dos, tres veces, por fin se vuelve y me hace una seña con la mano. Antoine habla tan bajo que apenas puedo oírle. Estoy en medio de la multitud vociferante, cansado antes de que empiecen las clases.

Brigitte Smadja, *Hay que salvar a Said*, Editorial Edelvives. (Adaptación).

Trabajo con el texto

- ¿Te gustaría ir a un instituto como el que se describe? ¿Por qué?
- ¿Conoces alguna «jauría» como las que se mencionan en el texto?
- Explica por qué la protagonista no respeta a los chicos de las pandillas.

Acoso escolar o *bullying*

El acoso es un tipo de agresión que ejercen una o varias personas sobre otra.

El acoso escolar o *bullying* empieza en el colegio, aunque se puede extender a otros lugares. Entonces, si un día me insultan o me pegan, ¿me están acosando? Si ocurre solo una vez, es una agresión, pero no es acoso. Para que se considere acoso, debe ser continuado en el tiempo.

En el acoso intervienen tres tipos de personas: el acosador, la víctima y los compañeros. El acosador es quien ataca directamente a la víctima del acoso. Los compañeros son los espectadores, los que observan lo que ocurre, pero no hacen nada para ayudar o incluso participan en el acoso.

Las agresiones pueden ser muy diferentes:

1) Insultos, burlas, humillaciones…

2) Agresiones físicas como «collejas», patadas, tortas.

3) Amenazas o coacciones; es decir, obligar a la víctima a hacer algo en contra de su voluntad; por ejemplo, darle su bocadillo o pedirle que le haga sus deberes.

4) Extender falsos rumores.

5) El aislamiento, esto es, conseguir que nadie quiera estar con la víctima.

ACTIVIDADES

1 ¿Qué distingue el acoso de una agresión?

2 Entre todos, realizad un mural sobre el acoso escolar y colgadlo en clase.

3 Informaos sobre qué es el *ciberbullying*. Explicad en clase en qué consiste y debatid sobre este problema.

El agresor y la víctima del acoso

El agresor o el grupo de niños que acosa a otro aprovecha los lugares en los que no hay adultos delante, como los baños, los pasillos, los rincones…

El objetivo de los acosadores es hacerse fuertes delante de los demás y demostrar que ellos tienen el poder, que son importantes.

Sin embargo, las personas que actúan así (sin respetar al otro) no son apreciadas ni respetadas por los demás, y solo consiguen que se les tenga miedo y que sus «amigos» lo sean por temor.

Cuando alguien les llama la atención, los individuos violentos se pueden justificar diciendo que solo «era una broma», pero las bromas no son para que unos se rían y otros sufran.

El agresor demuestra falta de empatía o ganas de hacer daño a sus víctimas. No le importa lo que sientan y es incapaz de ponerse en su lugar.

El niño o la niña con quien se están metiendo empieza a sentirse triste, temeroso, preocupado… Puede llegar a no concentrarse en los estudios, bajando su rendimiento académico.

Es muy habitual que las víctimas de acoso no quieran ir al colegio, que no quieran salir a la calle o que empiecen a tener dolores de tripa o de cabeza. Viven una situación muy dura y difícil.

ACTIVIDADES

1 Separa en dos columnas los rasgos que caracterizan, por un lado, al agresor, y por otro, a la víctima:

Insensibilidad, envidia, miedo, temor, celos, agresividad, inseguridad, culpa.

2 ¿Cómo se siente la víctima de un acoso? ¿Y el acosador o los acosadores?

3 ¿Crees que puede haber alguna justificación para que un niño o una niña sea víctima del acoso de uno o de varios compañeros?

Medidas para combatir el acoso

El acoso escolar es un tipo de agresión que pueden sufrir los niños en cualquier colegio. No es un problema nuevo, ha ocurrido siempre, pero eso no significa que no se pueda y no se deba erradicar. Si todos lo decidimos, podemos acabar con esta forma de violencia escolar.

El mayor aliado del acosador es el silencio de todos: de la víctima y de los compañeros. Nadie dice nada por miedo a que el agresor le haga daño, y la víctima, además, por vergüenza. Esto la lleva a estar sola y aislada.

La primera medida que es preciso tomar para acabar con el acoso es decidir que no lo vamos a permitir. Si el acosador no tuviese espectadores que lo animasen o que contemplasen lo que ocurre, la mayor parte de las veces no lo haría.

En caso de sufrir acoso, hay que contárselo a los padres y a los profesores. No hay que sentirse avergonzado ni culpable. El responsable del acoso siempre es el agresor o la agresora.

Los compañeros y los amigos son muy importantes para solucionar el problema: si no se atreven a enfrentarse al agresor, deben informar a un adulto de lo que ocurre, cuando no haya nadie delante si así se sienten más seguros.

Nunca debe parecer que se aprueba el acoso o que se ignora lo que ocurre.

ACTIVIDADES

1. Buscad en Internet con ayuda del profesor alguna campaña contra el acoso escolar y anotad las ideas principales que pretende transmitir.
2. Por grupos, haced vuestra propia campaña contra el acoso escolar: elegid un eslogan y diseñad un cartel contra el acoso.
3. Entre toda la clase, tomad una serie de decisiones destinadas a evitar estos abusos y para actuar contra ellos. Escribidlas en un folio y colgadlo en el aula como vuestro compromiso general de lucha contra el acoso escolar.

Repaso de la unidad

Pon freno al acoso

En ocasiones se producen situaciones de acoso escolar cuando un niño, una niña o un grupo de niños empiezan a agredir a otro u otros haciendo que se sientan mal u obligándoles a hacer algo que no quieren.

En las situaciones de acoso, aparte de los agresores y de la víctima está el resto de compañeros, que puede contribuir a que la situación se prolongue o impedirla avisando a las personas que tienen la capacidad de resolver el problema.

Es importante que la víctima sepa que la culpa no es suya, sino de quienes lo insultan o amenazan. Las víctimas también deben recurrir a adultos que las ayuden. Eso no es chivarse, sino decir la verdad y repeler una agresión que ha realizado la otra o las otras personas.

1 Pregunta a un adulto si cuando era niño había casos de acoso escolar en su colegio. ¿Qué se hacía para evitarlo?

2 ¿Por qué crees que muchos acosadores suben a Internet imágenes de su acoso escolar? ¿Qué pretenden con ello?

3 Una forma de acoso escolar es el aislamiento. ¿En qué consiste?

4 Con ayuda del profesor, buscad en Internet asociaciones que ayuden a luchar contra el acoso escolar y leed sus consejos para evitarlo.

18 Un país democrático

Democracia y libertad

En 1975, en España comenzó un período de transición desde una dictadura, en la que una persona tenía todo el poder, hacia el sistema político actual, que es una democracia.

En la democracia, el poder pertenece al pueblo, y la libertad es uno de sus valores fundamentales.

En nuestra democracia, según la Constitución, los ciudadanos eligen a unos representantes para que los gobiernen.

En aquellos años, para invitar a todos los ciudadanos a participar en la consulta para apoyar ese cambio político, se escribió la siguiente canción, interpretada por un grupo musical de la época.

Habla pueblo habla
tuyo es el mañana,
habla y no permitas
que roben tu palabra.

Habla pueblo habla,
habla sin temor,
no dejes que nadie
apague tu voz.

Habla pueblo habla
este es el momento,
no escuches a quien diga
que guardes silencio.

Habla pueblo habla,
habla pueblo sí,
no dejes que nadie
decida por ti.

Vino Tinto, *Habla pueblo habla*.

Trabajo con el texto

- ¿Crees que es importante que los ciudadanos puedan votar?
- ¿Te parece que siempre se deciden así las cosas importantes en todas las sociedades?
- ¿En qué casos te parece más útil resolver un debate mediante una votación?

Democracia

La democracia es una forma de gobierno en la que el pueblo interviene en el poder. En nuestro país, elige a unos representantes que, en su nombre y con su permiso, dirigen a todos. Los escoge en unas elecciones que se celebran normalmente cada cuatro años y en las que pueden votar los ciudadanos mayores de 18 años.

Votar es un derecho que tienen los ciudadanos de los países democráticos, pero en la mayoría de ellos no es una obligación. Hay personas que no ejercen ese derecho y prefieren abstenerse; es decir, no votar.

Los resultados de las votaciones a veces coincidirán con nuestros deseos y otras no, pero debemos aceptar aquello que la mayoría prefiera.

Sin embargo, la mayoría no puede abusar de su poder, pues debe respetar a las minorías, ya que el respeto a los derechos y a las libertades de los demás es un valor fundamental. La democracia no es una dictadura de la mayoría.

Además, el poder está repartido entre una personas que hacen la leyes (poder legislativo), otras personas que juzgan el comportamiento de los ciudadanos (poder judicial) y los que se encargan de que servicios como la sanidad o la educación funcionen correctamente (poder ejecutivo).

ACTIVIDADES

1. ¿Te parece la democracia un sistema justo?
2. ¿Crees que debemos respetar a los representantes a los que no hemos votado y con los que no estamos de acuerdo?
3. ¿Qué pensáis que podemos hacer cuando no estamos de acuerdo con una decisión que se ha tomado por mayoría? Debatidlo en clase.

Vivir democráticamente

Cuando hablamos de democracia, no solo nos referimos a una forma de gobierno, sino también a una manera de relacionarnos que se aplica en la familia, en la escuela, en el barrio…

Esta forma de vivir, en general, consiste en respetar el derecho de todos a opinar y a participar en las decisiones que afectan al grupo.

Uno de los valores más importantes de la vida democrática es la libertad. La libertad política consiste en tener la posibilidad de actuar dentro de la sociedad según tus propias decisiones. Por ejemplo, puedes leer lo que quieras y pensar como quieras, puedes vivir donde quieras, puedes expresar tus opiniones sin que nadie te lo impida…

Ahora bien, la libertad de pensar y de hacer cada uno lo que quiera tiene que complementarse con el respeto a los demás, para no perjudicarlos. Las opiniones violentas y dictatoriales no se pueden admitir.

Otro valor importante en democracia es la igualdad. Todas las personas somos diferentes (unos somos altos y otros bajos; unos somos jóvenes y otros ancianos; unos son deportistas, otros investigadores…), pero todos tenemos los mismos derechos y somos iguales ante la ley; es decir, a todos se nos aplican las mismas leyes.

ACTIVIDADES

1 Completa las palabras siguientes para descubrir los principales valores de la democracia:

a) P_R_I_I_A_I_N.

b) L_B_R_A_.

c) R_S_E_O.

d) I_U_L_A_.

2 ¿Cuál es el límite de la libertad de los ciudadanos en una democracia?

3 ¿Participas en algunas de las decisiones que toma tu familia? ¿En cuáles?

La Constitución española

En el año1978 se aprobó la Constitución española, que es la ley en la que se recogen los derechos y los deberes de los españoles y se establece la forma de organización y los símbolos del país.

El resto de leyes españolas tienen que estar de acuerdo con la Constitución. En el caso de que alguien plantee una ley que afecte a la igualdad, a la libertad o a otros derechos fundamentales, existe un tribunal que decide si se trata de una norma constitucional o no.

Algunos de estos derechos y deberes son los siguientes:

Derechos	Deberes
1) Derecho a la intimidad y a la seguridad.	1) Deber de respetar las opiniones ajenas.
2) Derecho a expresar públicamente las ideas.	2) Deber de aportar dinero para los gastos públicos (mediante los impuestos).
3) Derecho a la educación obligatoria y gratuita.	3) Deber de proteger a los hijos.
4) Derecho a la sanidad.	4) Deber de cumplir la ley.
5) Derecho al trabajo digno.	5) Deber de trabajar.
6) Derecho a un medio ambiente sano.	6) Deber de defender a España
7) Derecho a una vivienda digna.	7) Deber de respetar los derechos de los demás.

ACTIVIDADES

1 ¿Crees que alguno de los derechos establecidos en la Constitución no son respetados para todas las personas? Pon algún ejemplo.

2 ¿Piensas que hay personas que no cumplen con alguno de sus deberes como ciudadanos? Pon algún ejemplo.

3 Debatid en clase si es posible exigir nuestros derechos sin cumplir con nuestros deberes.

Repaso de la unidad

Así vivimos

En el siglo XXI, la forma de gobierno en muchos países es una democracia representativa; es decir, en la que los ciudadanos votan para elegir a sus representantes para dirigir el país.

De esta manera, los ciudadanos intervienen en el gobierno manteniendo o cambiando a las personas que toman las decisiones directamente.

La democracia reconoce derechos a los ciudadanos, pero también les impone deberes. Es necesario respetar las opiniones de los demás y las leyes, promoviendo en la sociedad los principios que mejoran la convivencia, tales como la libertad, la igualdad y la tolerancia.

La Constitución de 1978 fue votada por los españoles y defiende los derechos proclamados en la Declaración Universal de los Derechos Humanos.

1 Según lo que has leído en esta unidad, señala la opción que consideres correcta:

a) Una persona demócrata defiende les derechos y las libertades de todas las personas.

b) Una persona demócrata hace lo que los demás quieren que haga.

c) Una persona demócrata exige sus derechos y no cumple con sus deberes.

d) Una persona demócrata siempre quiere llevar razón.

2 La Constitución española de 1978 fue redactada por personas que tenían opiniones muy diferentes. ¿Cómo crees que pudieron ponerse de acuerdo?

3 Copia la siguiente oración en tu cuaderno y tacha las palabras necesarias para que sea correcta:

En un país democrático ninguna todas las personas deben tener diferentes idénticos derechos y la posibilidad de expresarse con sin libertad.

19 Valoro y mejoro

La serpiente-dragón

Hace mucho, mucho tiempo, en un lejano lugar de Oriente, un cobarde cazador de serpientes salió un día de invierno a probar fortuna. La gente ya lo conocía y sabía que no se atrevía a capturar ninguna grande ni peligrosa. En verano ni siquiera salía a cazar, pero en invierno esperaba encontrarlas hibernando. Y un día… un día tuvo una suerte extraña.

La noche había sido muy fría y había nevado abundantemente, por lo que los reptiles se habían adormecido completamente. En su paseo, asomando en la entrada de una cueva, vio cómo asomaba una cola enorme e inmóvil, una cola con unas escamas tan brillantes como nunca había visto. El cazador se acercó con miedo, pero también con la esperanza de que se tratara de una gran pitón dormida que pudiera atrapar con facilidad y le ayudara a acabar con su fama.

¡Cuál no sería su sorpresa cuando se dio cuenta de que estaba ante un dragón! Dio un salto, asustado, pero pudo tranquilizarse. Después de esperar un buen rato y observar que no había ningún movimiento, llegó a la conclusión de que estaba muerto. [...]

Lo transportó al pueblo y comenzó a dar grandes voces para atraer la atención de todo el mundo y empezó a contar una historia fabulosa de la gran batalla que había tenido que emprender contra la bestia hasta matarla.

Pero el calor de los hogares del pueblo comenzó a despertar al dragón de su letargo y, cuando más entusiasmado estaba el cazador presumiendo de su falsa gesta, el dragón alzó la cabeza por detrás de él y todos los aldeanos salieron corriendo.

Nuestro pobre cazador ni siquiera se atrevía a darse la vuelta para contemplar lo que había a su espalda y comenzó a sudar de miedo. Cuando el dragón se alzó sobre sus patas traseras, el cobarde y mentiroso cazador echó a correr justo a tiempo de escapar de la llamarada que chamuscó completamente sus pantalones.

Después, el dragón emprendió el vuelo, dejando para el cazador un castigo, y para todos, una lección.

Yalal Al-Din Rumi, *150 cuentos sufíes*, Editorial Paidós. (Adaptación).

Trabajo con el texto

- ¿Qué lección aprendieron los aldeanos de este suceso?
- ¿Qué habrías hecho tú en la situación del cazador?

La honradez

Mentir no nos ayuda en la vida. Por mucho que en alguna ocasión nos ayude a salir de una situación difícil, si lo hacemos muchas veces, los demás no confiarán en nosotros.

Las personas honradas dicen siempre la verdad, aunque a veces vaya en contra de sus intereses. No engañan a los demás para beneficiarse de sus mentiras.

Con honradez creamos un ambiente de confianza entre los que nos rodean, en la familia, en el colegio o en el barrio.

Ser honrados también significa reconocer nuestros errores ante nosotros mismos y ante los demás. A veces, decir en qué nos hemos equivocado puede traer consecuencias negativas (como castigos o enfados), pero nos sentiremos satisfechos de haber hecho lo correcto.

Los niños y las niñas honrados no hacen trampas en los juegos, no se inventan mentiras, no intentan engañar a los demás. Pero ser honrado no significa que uno deba decir todo lo que piensa sin preocuparse de si hará daño a los demás.

ACTIVIDADES

1 Señala las actitudes que te parezcan honradas. Razona tu respuesta.

a) Alma ha encontrado una moneda en el patio y la ha llevado a objetos perdidos.

b) Rocío ha metido un gol con la mano en el partido del recreo.

c) Luis explica a su madre que hoy no ha dicho bien las tablas en el colegio.

d) Laura y Ana son hermanas. Ana ha recogido sola toda la habitación después de jugar. Laura ha dicho a su madre que la recogieron entre las dos.

2 Seguro que conoces el cuento de *Pedro y el lobo.* Leedlo en clase y reflexionad sobre las consecuencias de mentir.

3 ¿Por qué no podemos decir todo lo que pensamos sin preocuparnos de las consecuencias?

Consecuencias de la falta de honradez

Los peligros de no ser honrado son muchos. Todos conocemos los grandes problemas que tuvo que afrontar Pinocho tanto por mentir como por incumplir sus deberes.

El cuento de Pinocho refleja situaciones que nos pueden ocurrir con frecuencia. Por ejemplo:

1) Si escondes tus errores, no te superarás ni serás mejor persona cada día.

2) Si no cuentas que alguien te está molestando o acosando, nadie te podrá ayudar.

3) Si ocultas las malas notas del colegio a tus padres, no te podrán ayudarán a aprobar.

4) Si te apropias de lo que no es tuyo o no te corresponde, no te sentirás satisfecho ni te aportará felicidad.

5) Si los demás ven que eres una persona en la que no se puede confiar, no querrán estar contigo.

No olvides que mentir es consecuencia del miedo al castigo o al reproche, y tampoco que engañar a los demás es querer aprovecharse de ellos.

ACTIVIDADES

1 ¿Crees que eres una persona honrada? ¿Lo eres siempre o solo a veces?

2 ¿Has vivido alguna situación en la que decir una mentira te haya traído consecuencias negativas?

3 Comentad en clase la siguiente situación:

Antonio fue al mercado que había cerca de su casa. Allí compró todo lo que necesitaba para celebrar una fiesta el día de su cumpleaños. Cuando pagó, le devolvieron cinco euros de más. Al comprobarlo, se lo dijo a la cajera y se los dio. Al llegar a casa, su hermana le dijo que con esos cinco euros podrían haber comprado muchas cosas más. Antonio le respondió que ese dinero no era suyo y que la cajera hubiera tenido problemas, mientras que ahora estaba muy contenta.

Las buenas intenciones

No siempre nos sale bien todo lo que nos proponemos. A veces intentamos hacer algo correctamente, pero empeoramos la situación y nos sentimos culpables o terminan riñéndonos.

En esos casos, debemos disculparnos, aunque nuestra intención fue buena. Hemos intentado obrar bien, haciendo las cosas de la mejor manera que se nos ocurre y lo mejor que sabemos.

Si nos equivocamos, podemos pedir consejo y ayuda a los demás, pero lo más difícil de disculpar es que hagamos las cosas mal o que incumplamos nuestras obligaciones voluntariamente.

Hay gente que tiene mala intención, a la que le gusta hacer daño o abusar de los demás. Esas personas nunca tendrán amigos y todo el mundo procurará alejarse de ellas.

En cambio, la sociedad valora a aquellos que intentan ayudar a los demás y cumplen sus deberes o, al menos, lo intentan.

La intención con la que hacemos las cosas es importante. Que algo salga bien o mal por casualidad no es mérito nuestro. Lo que sí depende de nosotros es procurar siempre escoger el bien y evitar el mal.

ACTIVIDADES

1 ¿En alguna ocasión has hecho algo con buena intención pero ha salido mal?

2 ¿Y al revés? ¿Alguna vez has tenido tanta suerte que aunque no hayas hecho lo correcto te ha ido bien?

3 En general, ¿cuándo te salen las cosas mejor, cuando intentas hacerlas bien o cuando incumples tus obligaciones?

4 Explica por qué es importante tener buena intención cuando hacemos las cosas.

Repaso de la unidad

Actúo honradamente

La honradez supone la voluntad de hacer lo correcto, incluso cuando pueda perjudicarnos. Reconocer nuestros errores o nuestra responsabilidad por haber hecho algo mal puede significar que nos reprendan o castiguen, pero también sirve para que los demás vean nuestro auténtico valor.

Aunque a corto plazo la mentira pueda favorecer a alguien, pronto provoca que los demás dejen de confiar en esa persona y la rechacen. Por eso es importante no mentir.

Sin embargo, evitar mentir no significa que digamos siempre lo que pensamos sin preocuparnos de que pueda hacer daño a otras personas.

1 Pon algún ejemplo de comportamientos honrados.

2 Explica estos dos refranes: «Se pilla antes a un mentiroso que a un cojo», «Las mentiras tienen las patas muy cortas».

3 Leed lo que pensaban estos filósofos sobre las concecuencias de la falta de honradez y comentadlo en clase:

a) «El castigo del embustero es no ser creído, aun cuando diga la verdad» (Aristóteles).

b) «Lo que me preocupa no es que me hayas mentido, sino que, de ahora en adelante, ya no podré creer en ti» (Friedrich Nietzsche).

20 No malgasto energía

Apaga la luz para que brille la vida

Apagaré la luz, y ¡que brille la vida!
Pues el planeta necesita ahorrar energía.
Que no gasten tanto en Estados Unidos ni en Perú.
Y pido también que ahorren en Francia y en Moscú.

Apaga la luz, y mejorará el clima,
y que ninguna excusa el derrochador esgrima.
Que no gasten tanto ni el cristiano ni el hindú.
Que se ahorre energía en un rascacielos o un iglú.

Apaga las vidrieras y también las marquesinas.
Que la apaguen en Europa y también en la China.
Que la apague el pueblo árabe y también el zulú.
También en Buenos Aires y en Beirut.
Apaga las luces que están de más prendidas,

que cada humano haga esto, el Planeta cuida.
Que lo hagan también en los Casinos de Las Vegas,
donde hay bombillas prendidas por millones cuando juegas.

Porque en un solo Casino de una gran localidad
hay prendidas más bombillas que en toda mi ciudad.
Siempre se nos pide a los pequeños más sacrificio,
ya es hora de que los grandes no causen más perjuicios.

Me dicen que apague la luz, y además
que no gaste, pero que también lo hagan los demás.
Colaboraré con esta ambiental medida.
Apagaré la luz, y ¡que brille la vida!

Gastaré menos corriente y ahorraré más luz.
Yo lo haré, y te pido que lo hagas también tú.

Rubén Sada, *Apaga la luz para que brille la vida*,
rubensada.blogspot.com.es

Trabajo con el texto

- ¿Por qué crees que hay que apagar las luces?
- ¿En qué momentos podemos ahorrar energía eléctrica?
- Anota tres compromisos que asumes para ahorrar energía.

Protegemos el planeta

Nuestro planeta, la Tierra, es un lugar maravilloso que tiene todo lo necesario para vivir: agua, aire, vegetación, animales, combustibles…

De la Tierra obtenemos todos los recursos que nos hacen la vida más fácil y, sin embargo, no la cuidamos todo lo que deberíamos. En muchas ocasiones, contaminamos las aguas y sobreexplotamos sus recursos.

En nuestra vida diaria, cada vez utilizamos más aparatos que necesitan algún tipo de energía para funcionar (gasolina, electricidad, gas…). Los compramos, los usamos, consumimos energía y los tiramos.

Actuamos bien cuando utilizamos los contenedores de reciclaje, aunque muchos residuos acaban en el fondo de los océanos, enterrados, en el aire o los enviamos a países más pobres, contaminando el medio ambiente y perjudicando la salud de las plantas, de los animales y de las personas que viven allí.

Los niños y las niñas debemos tomar conciencia de la importancia de conservar la naturaleza, y, para ello, hemos de utilizar los recursos responsablemente, sin abusar de ellos, sin comprar cosas innecesarias o contaminantes y reutilizando y reciclando todo lo posible. Tampoco debemos malgastar energía.

ACTIVIDADES

1 Escribe una redacción en la que expliques los contenedores de residuos que existen y los desperdicios que hay que depositar en cada uno de ellos. Haced un mural en clase.

2 Reducir, reutilizar y reciclar son las tres claves del uso responsable de los recursos. Infórmate y explica en qué consiste cada una de esas acciones.

3 Imaginad que se descubre un planeta en el que es posible la vida. Escribid un cuento en el que narréis cómo vivirían allí las personas en perfecta armonía con la naturaleza.

Ahorramos energía en casa

En el mundo hay millones de hogares. Unos consumen más energía que otros. Ahora bien, en todos ellos podemos adoptar una serie de medidas que ayuden a ahorrar energía para cuidar nuestro planeta.

Aunque nuestros padres pueden hacer otras muchas cosas, nosotros podemos colaborar aplicando las siguientes recomendaciones:

1) No abrir las ventanas con la calefacción encendida y ponernos un jersey en invierno para que la calefacción no tenga que estar demasiado elevada.
2) Recordar a nuestros padres que compren electrodomésticos de bajo consumo.
3) En el lavaplatos, utilizar programas y detergentes ecológicos.
4) Evitar dejar abierta la puerta del frigorífico mucho rato y no meter productos calientes.
5) Aprovechar la luz del día y apagar las luces siempre que se sale de una habitación.
6) No usar el horno para calentar pequeñas cantidades y tapar las cazuelas cuando se cocina.
7) Cerrar el grifo mientras nos lavamos los dientes o nos duchamos y abrirlo solo para aclararnos.
8) No dejar el ordenador encendido si no estamos usándolo.
9) Apagar los aparatos que quedan encendidos con un piloto a la espera de darle al mando a distancia.
10) Desenchufar los cargadores de móviles o de tabletas cuando ya estén cargados.

ACTIVIDADES

1 ¿Cuáles de estas medidas te parecen más importantes?

2 ¿Piensas que los gobiernos de los diferentes países deberían tomar medidas para obligar a los ciudadanos a seguir estas prácticas? Debatidlo en clase.

3 ¿Aplicáis en tu familia medidas como estas para ahorrar energía?

Ahorramos energía en el colegio

En los colegios, los equipos directivos deben estar pendientes de tomar medidas de ahorro energético. Además, nosotros podemos colaborar con acciones como estas:

1) Vigilar que las ventanas estén bien cerradas cuando estén encendidos la calefacción o el aire acondicionado.
2) Utilizar la luz del sol lo máximo posible en las aulas, los pasillos y los baños.
3) Apagar las máquinas (impresoras, fotocopiadoras, ordenadores…) si no se están utilizando.
4) Apagar todas las luces al salir el último de clase.
5) Apagar el proyector de la pizarra digital si no se usa en un margen de 15 minutos.
6) Cerrar los grifos del baño cuando terminéis de lavaros.

ACTIVIDADES

1 ¿Se te ocurre algún otro consejo para ahorrar energía en el colegio?

2 Diseñad una campaña que fomente el consumo responsable de la energía y del agua en vuestro colegio. Haced carteles, inventad un eslogan o, incluso, cread una presentación.

3 Elaborad un plan de ahorro de energía en clase. Distribuiros las tareas y proponed medidas para no derrocharla.

Repaso de la unidad

Cuidemos de nuestro futuro

La Tierra tiene unos recursos limitados que nosotros consumimos a un ritmo cada vez mayor, por lo que, tarde o temprano, acabarán agotándose.

Debemos ser conscientes de esa limitación y no malgastar recursos y energía, ni en casa ni en el colegio. Para ello, hemos de seguir varias recomendaciones: cerrar los grifos, apagar las luces, bajar la calefacción…

En general, tenemos que procurar llevar una vida sencilla, en la que no consumamos más de lo necesario.

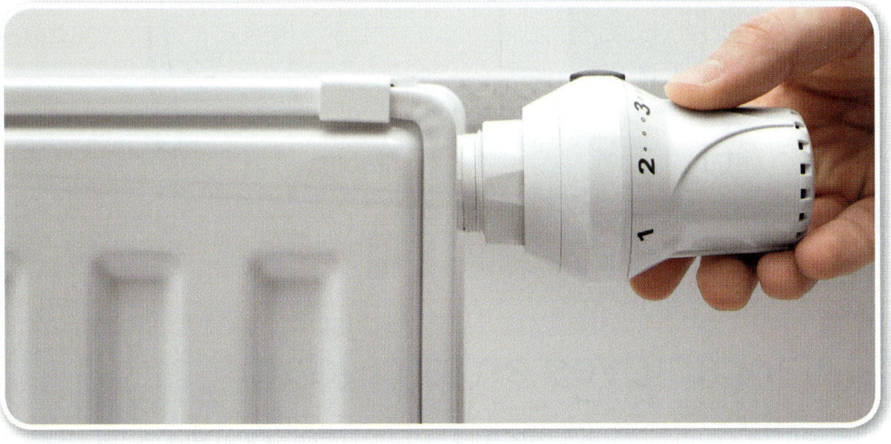

1 ¿Qué aparatos tenéis en casa que consuman energía eléctrica? ¿Los utilizáis adecuadamente? ¿Están encendidos sin necesidad?

2 Pregunta a tu familia con qué fuente de energía funciona la calefacción de tu casa y a qué temperatura la ponéis. ¿Y el aire acondicionado en verano?

3 De las siguientes medidas de ahorro energético, ¿cuáles son las que adoptáis en tu casa?

a) No abrir las ventanas más que lo imprescindible para la ventilación.

b) Bajar o cerrar radiadores cuando el calor es excesivo.

c) No estar en manga corta en invierno.

d) Aislar las posibles corrientes de aire de puertas y ventanas.

e) Instalar termostatos.

4 Debatid en clase sobre la siguiente afirmación:

Las grandes empresas deben invertir el dinero suficiente para evitar la contaminación del medioambiente, aunque esto implique ganar menos dinero.

5 Imagina y describe brevemente cómo sería un mundo en el que no hubiera vegetación. Dibuja el mismo paisaje con y sin vegetación.

21 Evitamos accidentes

Blancanieves en la ciudad

La flecha que había marcado el conductor iba hacia la derecha de la estación; luego torcía a la izquierda y seguía mucho rato por una calle recta que se llamaba «Paseo de los Castaños». Blancanieves salió de la estación y comenzó a caminar hacia la derecha. Después torció hacia la izquierda y caminó por el Paseo de los Castaños. Era un bonito día primaveral, y no hacía nada de frío.

Como Blancanieves nunca había estado en la ciudad, se quedó muy sorprendida al ver que las personas caminaban a los lados de la calle mientras los coches iban por el centro. Pero, como era muy inteligente, enseguida comprendió que era una buena idea. De esa manera, los coches podían circular sin atropellar a las personas.

Al llegar al final del Paseo de los Castaños, Blancanieves volvió a consultar su plano. Tenía que cruzar una calle y luego caminar un poco hacia la derecha hasta llegar al Parque Central.

Pero, cuando iba a cruzar la calle, una señora la agarró por el brazo.

—¿Qué haces, niña? —dijo asustada—. ¿No ves que el semáforo está en rojo para los peatones?

—Lo siento señora —contestó Blancanieves poniéndose colorada—. Es que acabo de llegar a la ciudad y… ¿Qué es un semáforo?

La señora sonrió amablemente y señaló una especie de lámpara con dos círculos. Uno de los círculos estaba apagado, y en el otro se veía la figura de un hombrecillo iluminado en rojo.

—El semáforo sirve para indicarle a la gente cuándo puede cruzar la calle —le explicó a Blancanieves—. Cuando se ilumina el hombrecito rojo, eso significa que los peatones, o sea, las personas que van andando, no pueden cruzar. Los que pueden pasar son los coches.

—¡Ah! —exclamó Blancanieves.

—Luego, cuando el hombrecito rojo empieza a encenderse y apagarse, quiere decir que los peatones tienen que prepararse para…

Ana Alonso, *Blancanieves en la ciudad,* Editorial Anaya.

Trabajo con el texto

- ¿Cómo terminará la frase la señora que ayuda a Blancanieves?
- ¿Qué otras recomendaciones le darías a Blancanieves para que no tenga problemas?
- ¿Por qué estará Blancanieves en la ciudad? Imagina el principio y el final de la historia.

Sabemos cruzar la calle, pero…

Aunque todos sabemos que solo debemos cruzar la calle por los pasos de peatones y cuando el semáforo esté en verde para ellos, en ocasiones actuamos de manera imprudente. Pero, incluso cuando crucemos correctamente, antes debemos asegurarnos de que los coches han parado y nos han visto.

Siempre puede ocurrir que un conductor que vaya un poco despistado se salte un semáforo que esté en rojo para los vehículos o que no respete la prioridad de los peatones en un paso de cebra.

Por supuesto, esto no elimina la responsabilidad del conductor, pero sí puede ayudarnos a entender por qué debemos siempre prestar mucha atención cuando cruzamos la calle.

Por desgracia, los atropellos son muy numerosos, no solo entre los niños, sino también entre los adultos. Unas veces el despiste o la imprudencia es del conductor y otras es del peatón, que cruza por donde no debe hacerlo. En cualquier caso, si extremamos nuestro cuidado al cruzar la calle, podemos evitar los accidentes.

ACTIVIDADES

1 Diseña una señal de tráfico para niños advirtiendo del peligro de cruzar la calle sin cuidado.

2 Con la ayuda del profesor, buscad las principales señales relacionadas con los peatones y poned su significado junto a cada una.

3 ¿Crees que sería útil un sistema sonoro que se activase cuando un peatón fuese a cruzar la calle por un lugar prohibido?

Un problema cercano

¿Sabías que los accidentes de tráfico son la primera causa de muerte en España entre los 5 y los 35 años de edad?

Para que te hagas una idea, la Organización Mundial de la Salud estimó hace un tiempo que en 2020 las lesiones por accidentes de tráfico ocuparán el tercer lugar entre las diez principales causas de muerte en todo el mundo.

Esto significa que un accidente no es algo que solo les sucede a los demás; nos puede pasar a cualquiera en cualquier momento. Para evitarlo, tenemos que ser prudentes.

Unas veces nos puede ocurrir a nosotros como peatones o como pasajeros en un vehículo, y otras veces puede que veamos cómo les pasa a otros.

En caso de que presencies un accidente de tráfico y tus padres o los adultos con los que vayas acudan a ayudar, es muy importante que te mantengas en el lugar donde te digan, bien en el interior del vehículo, o bien en un lugar apartado, nunca en la carretera.

Por desgracia, en muchas ocasiones se atropella a personas que están socorriendo a otras que han sufrido un accidente.

ACTIVIDADES

1 Pensad en las campañas de tráfico para prevenir accidentes. Si no recordáis ninguna, con ayuda del profesor buscad alguna en Internet y responded a las siguientes preguntas:

a) ¿Cuál de ellas os ha llamado más la atención? Votad por la mejor.

b) ¿Pensáis que la publicidad sobre seguridad vial ayuda a evitar los accidentes de tráfico? ¿Por qué?

2 Por equipos, escoged un motivo (el cinturón, mirar antes de cruzar, las señales de tráfico…) para diseñar un anuncio para prevenir accidentes de tráfico.

3 A continuación, haced un guion para representarlo ante toda la clase.

Consecuencias de los accidentes de tráfico

Los accidentes de tráfico tienen consecuencias muy diversas. En el mejor de los casos, se dañan bienes como los vehículos u otros objetos que haya junto a la carretera, pero en otras ocasiones son las personas quienes sufren los daños.

En estos casos, no solo sufre la víctima, sino todos los que la quieren: su familia, sus amigos, sus compañeros… Las lesiones pueden dificultar la vida de quien las padece y de las personas que lo rodean.

Como tú no eres conductor, sino que vas de pasajero, tienes dos obligaciones fundamentales:

1) Ponerte siempre el cinturón.

2) No distraer al conductor.

En cuanto al cinturón de seguridad, no podemos olvidarlo en ningún trayecto, aunque sea muy corto. Si, por ejemplo, vamos de pasajeros y el conductor da un frenazo o golpea el coche otro vehículo, podemos sufrir lesiones en la cara, en la cabeza, en el cuello o en la espalda. Es obligatorio que todos los que viajan en el coche lo lleven puesto.

Y, por supuesto, es muy importante no distraer al conductor con ruidos o quejas inadecuadas, no sacar la mano por la ventanilla ni arrojar nada a la carretera.

ACTIVIDADES

1 ¿Qué comentarios se hacen en tu casa cuando escucháis en los informativos noticias sobre accidentes de tráfico?

2 Por equipos, con ayuda del profesor investigad sobre el tipo de lesiones que se producen habitualmente en un accidente de tráfico.

3 Escribe una historia en la que el protagonista sea un niño o una niña como tú que sufre un accidente de tráfico yendo al colegio.

4 Contad las historias en clase y anotad las principales causas y consecuencias de los accidentes de tráfico que se narran en ellas.

Repaso de la unidad

Mucho cuidado

Respetar las normas de tráfico ayuda a aumentar la seguridad de todos: conductores y peatones.

Aunque respetemos las normas de tráfico, debemos tener mucha precaución, por lo que siempre debemos caminar y cruzar la calle con cuidado.

Los accidentes de tráfico provocan muchos heridos e incluso muertos, por lo que hemos de hacer todo lo posible para que no ocurran.

Los niños y las niñas debemos obedecer las indicaciones de las personas adultas, llevar siempre abrochado el cinturón en el coche y evitar distraer al conductor.

1 Test del niño precavido. Reflexiona y puntúa tu cumplimiento de las normas de tráfico:

«Niño precavido vale por dos»
Me pongo el cinturón en el coche o en el autobús.
Miro a los dos lados antes de cruzar.
Ando tranquilo por la acera.
Cruzo por los pasos de cebra o por los semáforos.
Utilizo casco para montar en bicicleta.

Siempre	A veces	Nunca
5 puntos	2 puntos	1 punto

2 Suma las puntuaciones del test anterior y comprueba si eres prudente.

a) 25: ¡Enhorabuena! Eres muy precavido.

b) De 15 a 20: Tienes que mejorar tus costumbres para evitar riesgos innecesarios.

c) De 0 a 15: Deberías cambiar tus hábitos, puedes estar en grave peligro de tener un accidente.

3 Inventad una historia sobre la actitud de los niños ante el tráfico cuyo título sea «Más vale prevenir que curar».

REPASO TRIMESTRAL

Depende de todos

Seguro que has oído decir muchas veces «Eso depende de ti». Claro, lo hemos oído todos.

Si nos referimos a nuestro aprendizaje personal, nuestro esfuerzo y nuestra responsabilidad son muy importantes.

Si hablamos de la conservación de la naturaleza y de nuestro entorno, también es lógico pensar que es nuestra obligación cuidarlos.

Cuando se trata de evitar conflictos, también tenemos que colaborar para que no ocurran.

Somos nosotros, igualmente, quienes hemos de tomar medidas para evitar muchos accidentes de tráfico.

Es decir, en nuestra vida nos encontramos con multitud de situaciones en las que conviene que actuemos por nosotros mismos sin excusarnos en que son responsabilidad de otros.

Además, todos debemos colaborar para que la sociedad sea mejor. Por ello, no debemos olvidar nuestros valores y los que aprendemos de los que nos rodean.

ACTIVIDADES

1 Dibuja esta imagen en tu cuaderno y anota alrededor algunas acciones que puedas hacer tú para colaborar en la creación de un mundo mejor.

Recordamos lo que hemos aprendido

1 Ordena las palabras de la siguiente oración y recuerda cuál es la base de una buena convivencia:

buena La de una es base el respeto y entendimiento. convivencia el

2 Elige la respuesta correcta.

Los valores cívicos son:

a) Las normas que se enseñan en el colegio.

b) Los principios que se consideran importantes y buenos para una sociedad.

c) Las reglas de todos los juegos.

d) Las leyes de un país.

3 Haz una lista con las alegrías que te proporciona tener buenos amigos.

4 ¿Cuándo se produce un caso de acoso escolar y quiénes intervienen en él?

5 ¿Qué debemos hacer cuando conocemos una situación de acoso escolar?

6 ¿Cómo se llama la forma de gobierno de nuestro país? ¿Cuál crees que es su principal característica?

7 Nombra cuatro valores importantes en una sociedad democrática.

8 Explica con tus propias palabras qué es la honradez y pon varios ejemplos.

9 En gran grupo, nombrad por turnos medidas que nos ayuden a ahorrar energía.

10 ¿Por qué ocurren los atropellos?

Repaso trimestral

¡A jugar!

1 Por parejas, un alumno o una alumna hará de ciego y su pareja será su guía. Os pasearéis por la clase procurando no chocaros con ningún objeto. Después, intercambiaréis los roles.

Tras la experiencia, cada pareja comentará cómo se ha sentido teniendo que confiar en su compañero o compañera: habéis estado cómodos, nerviosos, confiados…

Además, diréis el papel con el que os habéis sentido mejor y por qué.

2 Dividid un folio en tantas partes como alumnos y alumnas haya en clase. Escribid en cada pequeño papel el nombre de un alumno o de una alumna.

A continuación, repartid los trozos entre los compañeros y compañeras al azar. Si a alguien le toca su nombre, tienen que devolver el papel para que le den otro.

En el papel que a cada uno le ha tocado tiene que escribir una cualidad positiva de ese niño o niña o algo que le guste de él. Después, cada estudiante recibirá su papelito.

Por último, los alumnos y las alumnas hablarán en la clase de cómo han visto que se han sentido los demás al leer sus mensajes.

3 Eres periodista del diario *Noticias positivas*. Elige uno de estos titulares y redacta una noticia explicando qué, cómo, dónde y cuándo ha sucedido.

a) «Los estudiantes del colegio Paz Global acaban con todas las situaciones de acoso escolar».

b) «Todos los países del mundo adoptan una Nueva Constitución».

c) «Descubierta una fuente de energía inagotable y no contaminante».

d) «2020, primer año con cero atropellos en las carreteras españolas».

TAREA TRIMESTRAL

El elefante

En un establo oscuro había sido encerrado un elefante originario de la India. La población, curiosa por conocer semejante animal, se precipitó en el establo. Como no se veía apenas a causa de la falta de luz, la gente se puso a tocar el animal. Uno de ellos tocó la trompa y dijo:

—¡Este animal se parece a un enorme tubo!

Otro tocó las orejas:

—¡Diríase más bien un gran abanico!

Otro, que tocaba las patas, dijo:

—¡No! ¡Lo que se llama un elefante es desde luego una especie de columna!

Y así, cada uno de ellos se puso a describirlo a su manera.

Es lástima que no hubieran tenido una vela para ponerse de acuerdo.

Yalal Al-Din Rumi, *150 cuentos sufíes*, Editorial Paidós.

Trabajo con el texto

1 ¿Crees que los personajes del cuento tienen una imagen correcta del elefante o que están todos equivocados?

2 Escribe un final del cuento suponiendo que sus personajes colaboraran y otro imaginando que siguen discutiendo.

Este proyecto educativo de Anaya Educación es para el cuarto curso de Educación Primaria.

En la realización de este libro han intervenido:

Edición:
Manuel Andaluz
y Miguel Ángel Muñoz Sanjuán

Corrección:
Encarnación Martín

Diseño de cubierta e interiores:
Miguel Ángel Pacheco y Javier Serrano

Edición gráfica:
José María Marcelino

Tratamiento infográfico del diseño:
Patricia Gómez, Verónica de la Sierra y
Paz Franch

Ilustraciones:
Iván Pitzolu, David Arumi
y Cinta Villalobos

Maquetación:
Elena Cofiño

Fotografías:
Archivo Anaya (Cosano, P.; Marín, E.; Steel, M.)
Age, Album, Corbis/Newscom, Efe,
Getty Images,Thinkstock/Getty Images, 123 RF.

Las **normas ortográficas** seguidas en este libro son las establecidas por la Real Academia Española en la *Ortografía de la lengua española*, publicada en el año 2010.

Nuestras publicaciones mantienen el rigor en el uso y en la selección de los contenidos, en las imágenes y en el lenguaje, para cumplir con la **no discriminación** por razón de género, cultura u opinión.

IMPORTANTE. Las **actividades** propuestas en este libro deben ser realizadas en cuadernos u hojas sueltas; **nunca en el propio libro.**

ISBN: 978-84-678-7862-2 - Depósito Legal: M-2780-2015 - Printed in Spain.

ET025468/1E4I - 8390061